Jennifer & Rosemary Faulkner

Glücksorte in Wien

Fahr hin & werd glücklich

D

Dieses

Glücksbuch

ist für

Liebe Glücksuchende,

was ist ein Glücksort? Die Antworten auf diese simpel anmutende Frage fallen höchst unterschiedlich aus, weil das Glücksempfinden etwas sehr Persönliches ist. Es gibt Orte, wo sich alle auf Anhieb einig sind, dass es sich um einen Glücksort handelt, bei anderen merkt man erst bei näherem Hinsehen, dass dort das Glück wartet. Glücksorte sind überall da, wo Freude aufkommt, sich ein Gefühl des Friedens und der Unbeschwertheit breitmacht oder wo man sich eine Zeit lang wieder wie ein Kind fühlen kann.

Wir sind in einer Stadt aufgewachsen, der noch die graue Patina der Nachkriegszeit anhaftete. Dennoch bleiben uns die vielen wunderbaren Eskapaden ins Grüne und die anregenden Besuche der unzähligen historischen Stätten in bester Erinnerung. Im Laufe der Jahre hat Wien den Grauschleier abgelegt und sich zu einer Stadt mit einer außerordentlichen Lebensqualität gemausert. Sie hält sowohl für den Geselligen als auch für den Einzelgänger eine Vielfalt an Kultur, Natur und Unterhaltung bereit, hier findet zweifellos jeder sein ganz persönliches Glück.

Wir wünschen unseren Lesern und Leserinnen viel Vergnügen beim Entdecken unserer Glücksorte!

Ihre Jennifer und Rosemary Faulkner

GLÜCK

Deine Glücksorte ...

Sacher

... noch mehr Glück für dich

Ein sommerliches Eldorado

1 Das Gänsehäufel

Über die Gänsehäufelbrücke gelangt man zu einem Wiener Glücksort, wo der Andrang an heißen Tagen groß ist. Das Warten an der Kasse lohnt sich, denn das Gänsehäufel – eine bewaldete Sandinsel in der Alten Donau – ist mit seinen 330.000 Quadratmetern äußerst weitläufig. Hier findet jeder seinen Platz. Ist das Strandbad voll, wird die blaue Fahne gehisst. Für die Dauer des Badeaufenthalts kann man entweder die günstige Wiesenkarte kaufen oder ein „Kästchen" genanntes Schließfach zur Aufbewahrung von Kleidung und Wertsachen mieten. Die Luxusversion sind die Kabanen: 3 Quadratmeter mit überdachter Terrasse, ein Miniparadies, in dem die Hardcore-Badebegeisterten bei jedem Wetter ihren Sommer verbringen.
Neben einem Kilometer Strand, mehreren Schwimmbecken und zahlreichen Sportangeboten wie Minigolf und Beachvolleyball gibt es hier als besondere Attraktion einen Hochseilklettergarten.
Als das Bad 1907 auf einem „Haufen", wo früher Gänse gezüchtet wurden, eröffnet wurde, pilgerten die Wienerinnen und Wiener scharenweise hierher, um sich im kühlen Wasser der Alten Donau zu erfrischen. Da die Gänsehäufelbrücke erst in den Dreißigerjahren errichtet wurde, mussten Badehungrige zunächst mit einer Dampffähre, Ruderbooten oder gar schwimmend die Insel erreichen. Der Zustrom war so groß, dass das Bad immer wieder erweitert wurde. Heute wird rund 30.000 Badegästen Platz geboten.
Baden macht hungrig, umso verlockender ist der Duft der Wurst- und Käsesemmeln, Grillhähnchen und Zuckerwatte an den Verkaufsständen. Wenn dann noch alle 30 Minuten das Signal ertönt und zum Wellenbad einlädt, ist man wieder Kind. Im Nu ist das Schwimmbecken bevölkert, und Jung und Alt geben sich fünf Minuten lang der Illusion hin, gegen einen hohen Wellengang ankämpfen zu müssen. Jede Welle löst großen Jubel aus, und alle sind bestrebt, rechtzeitig zu hüpfen, um nicht vom Wasser „verschluckt" zu werden. Viel zu bald ertönt die Sirene, die den Badeschluss ankündigt.

- Strandbad Gänsehäufel, Moissigasse 21, 1220 Wien, Tel. +43 (1) 6 01 12 80 44
www.gaensehaeufel.at
- ÖPNV: U-Bahn U1, Haltestelle Kaisermühlen + Bäderbus

NICHTSCHWIMMER HALT!

Himmlische Stille tanken

2 Der Minoritenplatz

Wenige Minuten von der emsigen Betriebsamkeit des Michaelerplatzes entfernt, befindet sich eine der Ruheoasen der Wiener Innenstadt. Beim Anblick der von barocken Gebäuden umgebenen mittelalterlichen Kirche fühlt es sich beinahe an, als wäre man in vergangene Zeiten zurückversetzt, wäre da nicht der moderne U-Bahn-Abgang aus den Achtzigerjahren. Damals wurde der Platz völlig neu gestaltet, und im Zuge dieser Umbauarbeiten kamen die Grundmauern der Ludwigskapelle zum Vorschein. Damit die Ausmaße der Kapelle gut erkennbar sind, wurde deren Grundriss durch den Bau einer kleinen Mauer veranschaulicht.

Der zum Großteil autofreie Minoritenplatz lädt mit seinen Bänken und Grünanlagen zum Verweilen ein. Der Verkehrslärm und der Trubel der Innenstadt sind schlagartig vergessen. Mittendrin ragt die recht schlicht wirkende Minoritenkirche empor, in deren Innenraum das Mosaik von Da Vincis Abendmahl bestaunt werden kann. Sie ist Wiens italienische Kirche, die Messen werden vornehmlich in italienischer Sprache abgehalten, und die Franziskaner-Ordensbrüder sind weitläufig unter der Bezeichnung „frati minori“, die Minderen Brüder, bekannt. Davon leitet sich auch der Name der Kirche und des Platzes ab.

Die meisten Passanten auf dem Minoritenplatz haben ein Ziel, ist er doch das Zentrum des Regierungsviertels, umgeben vom Haus-, Hof- und Staatsarchiv, dem österreichischen Außenministerium, dem Bundesministerium für Inneres und weiteren Behörden.

Außerhalb der „Stoßzeiten“ am Minoritenplatz, zu Arbeitsbeginn, zur Mittagspause und nach Feierabend, suchen nur wenige Müßiggänger den verschlafenen Ort auf.

Das lauschigste Plätzchen ist auf einer der Sitzbänke, die direkt neben der Kirche aufgestellt sind. Von hier aus hat man einen guten Teil des Platzes im Blick und fühlt sich gleichzeitig im Schutze der Kirchenmauern geborgen. Ruhesuchende können sich im Schatten der Kirche niederlassen und ein gutes Buch lesen – oder einfach das süße Nichtstun genießen.

- Minoritenplatz, 1010 Wien
- ÖPNV: U-Bahn U3, Haltestelle Herrengasse

Die feine Art zu naschen

3 In der Confiserie Altmann & Kühne

Im Herzen der Wiener Innenstadt, wenige Schritte vom Stephansdom entfernt, befindet sich die kleine, unscheinbare Confiserie Altmann & Kühne. 1928 eröffneten Emil Altmann und Ernst Kühne das Geschäft am Graben 30. Dem Ruf als „Vierter Wiener Chocolatier" wurden sie mehr als gerecht, und innerhalb kürzester Zeit galten sie als exklusivste Hersteller feinster Schokoladenware in der Bundeshauptstadt. Für die Ausgestaltung des Geschäftslokals engagierten sie Designergrößen der Wiener Secession wie Josef Hoffmann und Oswald Haerdtl. Das bunte Papier für die Verpackungen wurde von den Wiener Werkstätten entworfen und wird bis zum heutigen Tag von ihnen hergestellt.

Naschkatzen sind an diesem Ort goldrichtig, denn Glücksgefühle kommen schon beim Betreten des Ladens auf. Der zarte Schokoladenduft umschmeichelt die Nase und lässt einem das Wasser im Munde zusammenlaufen. Hier reihen sich nach Nougat, Marzipan und Kakao duftende Pralinés aneinander. Fast entsteht der Eindruck, in einer Puppenstube gelandet zu sein, denn das Liliputkonfekt wartet in kleinen Kommoden, Hutschachteln, Reisekoffern, Nähkästchen, Büchern und herzförmigen Schachteln auf seinen Verzehr.

Tradition wird hier großgeschrieben, denn bis heute werden die winzigen Bonbons in liebevoller Handarbeit gerührt, gerollt, gefüllt und mit unterschiedlichem Dekor verziert. Die Schachteln werden nach ganz bestimmten Mustern befüllt, sodass die bunte Vielfalt nicht nur den Gaumen beglückt, sondern auch das Auge. Die kleinen Verführer sind fast zu schön, um gegessen zu werden. Sie enthalten keine künstlichen Zusatzstoffe und werden in der Manufaktur nahe der Wiener Innenstadt nach traditioneller Herstellungsart und Originalrezepten gefertigt. Altmann & Kühne ist es gelungen, Generationen von Schokoladenliebhabern mit ihrem Sinn für das Besondere zu verzaubern. Wer diese außergewöhnlichen Kleinode einmal gekostet hat, wird immer wiederkommen, um einem lieben Menschen oder auch sich selbst ein Gaumenglück zu schenken.

- Confiserie Altmann & Kühne, Graben 30, 1010 Wien, Tel. +43 (1) 5 33 09 27
www.altmann-kuehne.at
- ÖPNV: U-Bahn U1, U3, Haltestelle Stephansplatz

bonbons
bonbon

Ja, diese Suppe esse ich!

4 Die Suppenwirtschaft im Servitenviertel

Wem nach Tapetenwechsel zumute ist, der ist im Servitenviertel bestens aufgehoben! Das hübsche Grätzel in der ehemaligen Fischervorstadt Roßau wird von den Wienern Klein-Paris genannt, hat es doch ein ausgeprägtes französisches Flair, das nicht zuletzt auf die Nähe der französischen Privatschule Lycée Français zurückzuführen ist. Der Name des Viertels geht auf den Servitenorden zurück, der 1638 die Erlaubnis erhielt, in der Roßau ein Kloster und später eine Kirche zu errichten – diese gilt heute als älteste Barockkirche Wiens. Rund um die altehrwürdigen Gebäude herrscht ein freundliches Ambiente, in dem die Zeit langsamer zu vergehen scheint als anderswo. Die kopfsteingepflasterten Straßenzüge führen an gepflegten Jugendstilfassaden vorbei, ansprechende Geschäfte und einladende Schanigärten reihen sich aneinander, überall erfreuen Bäume und Blumenkästen das Auge.

Wer um die Mittagszeit durchs Servitenviertel bummelt, kann oft eine Menschenschlange vor der Glasfront der Suppenwirtschaft beobachten, die sich durch die köstlichen, vom Lokal ausströmenden Düfte leicht erklären lässt: Hier werden täglich Gaumenfreuden aus frischen, biologisch und möglichst regional angebauten Zutaten zubereitet, die – sofern einer der wenigen Tische frei ist – vor Ort oder als Take-away verzehrt werden können. Die Wochenkarte passt sich der jeweiligen Jahreszeit an und bietet stets eine abwechslungsreiche Auswahl an Suppen, Currys und Salaten, die vorwiegend auf Vegetarier und Veganer ausgerichtet sind. Und natürlich gibt es Dauerbrenner wie das Chili sin Carne, das bei Insidern als unschlagbar gilt. Feinschmeckern, die sich nicht entscheiden können, wird es mit dem Combo-Deal leicht gemacht, bei dem jeweils eine kleine Portion aus zwei verschiedenen Kategorien miteinander verbunden wird. Zu jeder Speise werden zwei schmackhafte Fladenbrote serviert. Wer dann noch Hunger verspürt oder einfach glücklich weitergenießen möchte, kann seine Mahlzeit mit einem Dessert abrunden.

TIPP

Die Roßau diente einst den zum Flussaufwärtsziehen benutzten Pferden als Weide und Tränke.

- Suppenwirtschaft, Servitengasse 6, 1090 Wien, Tel. +43 (1) 317 67 45
www.suppenwirtschaft.at
- ÖPNV: U-Bahn U4, Haltestelle Roßauer Lände

suppenWIRTSCHAFT
fritz-kola

Hier tickt man richtig!

5 Das Uhrenmuseum im Schulhof

Ticktack, ticktack ... von diesem Geräusch wird man in dem heimeligen Museum begrüßt. Das gleichmäßige, vielfache Ticken der historischen Uhrensammlung wirkt äußerst beruhigend.

In einem der ältesten Häuser Wiens, dem Palais Obizzi, das aufgrund seiner Bauweise auch Harfenhaus genannt wird, befindet sich das 1917 von der Stadt Wien gegründete Uhrenmuseum. Schon beim Anblick dieses Gebäudes kommt ein Glücksgefühl auf, denn es steht in einem zauberhaften Winkel der Wiener Innenstadt und ist von alten Bürgerhäusern umgeben. Besonders hübsch anzusehen ist es im Frühjahr, wenn der Blauglockenbaum vor dem Museumseingang seine volle Blütenpracht entfaltet. Durch die engen, verwinkelten Gässchen schlängeln sich die Fiaker, man fühlt sich in vergangene Zeiten zurückversetzt.

Für dieses kleine Museum sollte man sich zumindest eine Stunde Zeit nehmen, um keinesfalls die volle Stunde zu verpassen, zu der alle funktionstüchtigen Uhren zu schlagen, läuten und spielen beginnen. Ein wahrer Ohrenschmaus!

Hier kann der Besucher eine Zeitreise vom späten Mittelalter bis ins 20. Jahrhundert unternehmen. Über 700 kostbare Uhren aus aller Welt zeugen von wissenschaftlichem Fortschritt und technischer Präzision sowie von gesellschaftlichen Trends in Kunsthandwerk und Design. Vom kleinsten Exponat, einer „Zappler" genannten Standuhr mit zwei Pendeln, die tatsächlich unter einen Fingerhut passt, bis zum 700 kg schweren Turmuhrwerk des Stephansdoms ist für jeden Geschmack etwas dabei. Die strickende Uhr, aus der ein Schal herauswächst, ist insbesondere für Kinder faszinierend, denn sie produziert eine Masche pro Minute. Als Glanzstück gilt jedoch die prachtvolle astronomische Kunstuhr aus dem 18. Jahrhundert. Dieses technische Meisterwerk zeigt, abgesehen von der genauen Uhrzeit, auch die Länge des Tages, die Planetenumlaufbahnen und sogar Sonnen- und Mondfinsternisse an.

TIPP

Nach dem Besuch können die gewonnenen Eindrücke im Gastgarten neben dem Blauglockenbaum nachklingen.

- Uhrenmuseum, Schulhof 2, 1010 Wien, Tel. +43 (1) 5 33 22 65
- ÖPNV: Bus 1A, 2A, 3A, Haltestelle Brandstätte

WIEN MUSEUM UHRENMUSEUM

Sommerlicher Rodelspaß

6

Die Hohe-Wand-Wiese

Bereits vor rund 200 Jahren begaben sich die Wiener mit Begeisterung auf die Hohe-Wand-Wiese, um Wanderungen zu unternehmen. Auch im Winter war die Wiese ein beliebtes Ausflugsziel: Bei entsprechender Schneelage wedelten die Sportlustigen auf ihren hölzernen Brettern die 400 Meter lange Piste hinunter. 1966 wurde die Wiese offiziell zum Skigebiet ernannt, und bereits ein Jahr später fand dort der erste Parallelslalom der Geschichte des Skisports statt, gefolgt von drei weiteren Veranstaltungen mit bis zu 10.000 Schaulustigen.

Die als blaue Piste eingestufte Abfahrt eignet sich hervorragend für Anfänger: Generationen von Wiener Kindern übten hier ihre ersten Stemmbögen. Aufgrund der zunehmend milden Winter ist das Skivergnügen heute den Kleinsten vorbehalten: Ein 40 Meter langer Zauberteppich befördert die Knirpse nach oben. Um witterungsunabhängig zu sein, wird auf Kunststoffmatten (Dryslope) gefahren. Seit 2006 wird auf der Hohe-Wand-Wiese eine neue Attraktion geboten, die für besondere Glücksgefühle sorgt: Die Sommerrodelbahn – in Österreich werden Schlitten als Rodeln bezeichnet – beschert der ganzen Familie ein unvergessliches Erlebnis! Der Schlepplift, der einst die Skifahrer auf die Anhöhe zog, ist jetzt nur noch im Sommer für die Nutzung der Schlittenbahn im Einsatz. 25 moderne Rodeln stehen für diesen besonderen Nervenkitzel bereit. Rasant geht es die 850 Meter lange kurvenreiche Strecke mit Spitzengeschwindigkeiten bis zu 40 km/h talwärts, denn immerhin beträgt der Höhenunterschied 100 Meter. Für den ultimativen Adrenalinstoß sorgt der Erlebnis-Jump über eine kleine Brücke! Von der frischen Luft und der aufregenden Abfahrt bekommt man Appetit, der in der Imbissstube, wo schmackhaftes und gesundes Essen angeboten wird, gestillt werden kann.

Die umgebenden Wälder bieten zusätzlich unzählige wunderschöne Wandermöglichkeiten. Ob flott oder gemütlich – dieses Ausflugsziel hinterlässt auf jeden Fall eine einzigartige und bleibende Erinnerung.

TIPP

Vor Ort gibt es einen Ski- und Snowboardverleih sowie entsprechende Kurse.

- Hohe-Wand-Wiese, Mauerbachstraße 174–184, 1140 Wien, Tel. +43 (1) 9 34 67 11 www.hohewandwiese.com
- ÖPNV: U-Bahn U4, Haltestelle Hütteldorf, dann Postbus 450, Haltestelle Hohe-Wand-Wiese

Pirouettierende Treppe

7 Die Strudlhofstiege

Inmitten eines von fürstlichen Palais gespickten Stadtviertels im 9. Wiener Gemeindebezirk wurde in der späten Gründerzeit als Verbindung zwischen der Strudlhofgasse und der deutlich tiefer gelegenen Liechtensteinstraße ein Jugendstil-Kleinod für Fußgänger geschaffen. An beiden Enden lädt ein symmetrisch angelegter Einstieg mit zwei spiegelbildlich gebogenen Treppen den Spaziergänger ein, das 11 Meter hohe Bauwerk zu betreten. Dann führt der Weg im Zickzack über den Steilhang, wobei sechsmal die Richtung und somit auch die Perspektive gewechselt wird. Die Monumentaltreppe wurde nach dem Barockmaler und Bildhauer Peter Strudl benannt, der 1690 im oberen Teil der Strudlhofgasse eine gleichnamige Akademie gegründet hatte.

Die weitläufige Anlage besteht aus schiefen Ebenen, die teils von steinernen, teils von metallenen Geländern und sieben Kandelabern mit Hängelampen gesäumt werden; zwei Brunnenbecken mit Wasserspeiern sorgen an heißen Sommertagen für ein wenig Erfrischung. Sobald man die Stiege betritt, beginnt ein Wandel durch einen vertikalen Ziergarten, wo der Blick ständig von dekorativen Elementen wie Vasen und Rundbögen gefangen wird. Auf halbem Weg bietet eine Sitzbank Gelegenheit, tief durchzuatmen und das ganz besondere Ambiente dieses Ortes auf sich wirken zu lassen. Hier fühlt man sich der Zeit entrückt und kann seinen Gedanken in Ruhe nachhängen!

Besonders während der Abend- und Nachtstunden ist das eindrucksvolle Treppenwerk von einem besonderen Zauber umgeben und daher ein beliebter Treffpunkt für nostalgische Nachtschwärmer. In lauen Sommernächten finden sich romantische und frisch verliebte Pärchen ein. Im Rahmen der Woche der Wiener Chöre wird zuweilen ein Konzert gegeben, wobei sich die Chorsänger über die gesamte Stiege verteilen. Jeder, der vorbeikommt, darf ohne Eintrittskarte diesem einmaligen Klangerlebnis beiwohnen. Dabei wird nicht nur das Ohr, sondern auch das Auge beglückt!

- Strudlhofstiege, Strudlhofgasse 8, 1090 Wien
- ÖPNV: Straßenbahn 1, D, Bus 40A, Haltestelle Bauernfeldplatz

Lebhaft statt Wohn-Haft

8 Die Sargfabrik

Schwimmen bei Kerzenschein im Badehaus, eine Veranstaltung im Kulturzentrum besuchen oder gesundes Essen genießen? All das und vieles mehr kann man in der Sargfabrik erleben!
Die Sargfabrik ist das größte selbst verwaltete Wohnprojekt Österreichs, das vom Verein für integrative Lebensgestaltung in Eigeninitiative geplant wurde. Heute erinnern nur noch der alte Schornstein im Hof und der Name an die ehemals bedeutendste Sargtischlerei Österreich-Ungarns, die im ausgehenden 19. Jahrhundert errichtet worden war und wo unter anderem die Särge von Kaiserin Elisabeth (Sisi) und Franz Liszt hergestellt wurden. In den Siebzigerjahren war der Backsteinbau dem Verfall überlassen. Ende der Achtzigerjahre wurde er schließlich abgetragen, um an dessen Stelle einen ökologischen Neubau zu schaffen.
Das Miteinander wird hier ganz großgeschrieben, und so gibt es eine Reihe an gemeinschaftlich genutzten Räumen, die das Badehaus, die Waschküche, den Dachgarten und den begrünten Hinterhof mitsamt Kinderspielplatz umfassen. Der Teich im Hof ist zugleich das Dach des darunterliegenden Badehauses.
Unter der Woche sind die gemeinschaftlich genutzten Räume auch für die übrige Bevölkerung geöffnet. Besonders das im Untergeschoss untergebrachte Badehaus erfreut sich großer Beliebtheit: Neben einem Whirlpool, einem Schwimmbecken mit Gegenstromanlage und einer finnischen Sauna mit kaltem Tauchbecken gibt es eine ganze Reihe höchst beglückender Bade-Events, wie zum Beispiel den Wohlfühlnachmittag „Venus im Bade" oder den „Orientalischen Badeabend für Frauen" bei Kerzenlicht und Musik. Es ist ein Genuss, bei klassischer Musik unterzutauchen und das Schwimmerlebnis in einem außergewöhnlichen Ambiente zu genießen.
Wer eher auf kulturelle Veranstaltungen steht, kommt auch auf seine Kosten: Der abwechslungsreiche Spielplan hat sich längst einen festen Platz in der Wiener Kulturszene gesichert. Die Sargfabrik ist sowohl für die Bewohner als auch für ihre Besucher ein wahrer Glücksort!

- Sargfabrik, Goldschlagstraße 169, 1140 Wien, Tel. +43 (1) 98 89 81 11
www.sargfabrik.at
- ÖPNV: Bus 57a, Haltestelle Anschützgasse, dann Straßenbahn 52, Haltestelle Diesterweggasse

Fröhliches Durcheinander

9 Der Arenbergpark

Sobald im Frühjahr die Temperaturen steigen und die Bäume ihr grünes Blätterkleid anlegen, erfreut dies Herz und Seele der Wiener. Der im Winter verschlafene Arenbergpark verwandelt sich in einen beliebten Treffpunkt für Spaziergänger mit und ohne Hund, sportliche Jugendliche, fleißige Gemüsegärtner und Müßiggänger.
Der Park wurde bereits Ende des 18. Jahrhunderts von Nikolaus Fürst Esterhazy im Stil eines englischen Gartens angelegt. Das dazugehörige Palais existiert heute nicht mehr, nur der achteckige kleine Pavillon blieb erhalten. Im 19. Jahrhundert erwarb Prinzessin Franziska Arenberg die Anlage, der Park wurde nach ihr benannt.
Der barocke Pavillon wurde zu einem Schönwettercafé umfunktioniert. Er ist so klein, dass er lediglich der Zubereitung von Getränken und Snacks dient. Die Spezialitäten des Hauses – Sauermilch, Butterbrote und vor allem der täglich frisch zubereitete Kuchen – werden in dem von den Stammgästen liebevoll als Zaubergarten bezeichneten Gastgarten serviert.
Die beiden neunstöckigen Flaktürme, die den Park an beiden Seiten begrenzen, sind Kriegsrelikte aus den Vierzigerjahren, die den Anrainern bei Fliegeralarm Schutz boten und heute unter Denkmalschutz stehen. Um den größeren Flakturm sind ein Fußball-, ein Basketball- und ein Kinderspielplatz nebeneinander angeordnet. Von hier aus tönt untertags herzerfrischendes Kinderlachen und vergnügtes Quietschen. Beim kleineren Flakturm wurden eine Hundezone und ein Nachbarschaftsgarten angelegt, wo Stadtmenschen die Möglichkeit haben, Obst und Gemüse in 30 Hochbeeten selbst anzubauen. Gleich neben dem Eingang des Nachbarschaftsgartens steht eine rote Telefonzelle, die in einen offenen Bücherschrank umgewandelt wurde. Hier können Bücher abgelegt oder kostenlos mit nach Hause genommen werden.
Das Herzstück des Parks sind die beiden zentral gelegenen Liegewiesen, auf denen gepicknickt, geplaudert, musiziert und in lauen Sommernächten glücklich bis in die Nacht hinein gefeiert wird.

- Arenbergpark, Dannebergplatz/Neulinggasse, 1030 Wien
- ÖPNV: Bus 4A, Haltestelle Ziehrerplatz

Des Kaisers Spielzeug

10 Die Kunstkammer des Kunsthistorischen Museums

Anlässlich des Baus der Wiener Ringstraße ließ Kaiser Franz Joseph das Kunsthistorische Museum errichten, um für die vielfältigen Kunstsammlungen seiner Vorfahren ein würdiges Zuhause zu schaffen, waren die Habsburger doch passionierte Sammler.

Die Besucher strömen vor allem in die Gemäldegalerie im ersten Stock. Weit weniger bekannt, aber umso erstaunlicher ist die Kunstkammer. Das wohl berühmteste Exponat ist die „Saliera“ von Benvenuto Cellini: ein kostbares Tafelgerät für Salz und Pfeffer, das 2003 gestohlen wurde, aber erfreulicherweise drei Jahre später wieder aufgetaucht ist.

Nur selten verirren sich Besucher in den Raum XXVII, wo die Automaten von Kaiser Rudolf II. zur Schau gestellt werden. Der Monarch war für seine Faszination von mechanischen Kunstwerken und Automaten mit beweglichen Elementen bekannt. Die Fülle der Prunkstücke bezeugt, wie viel Geld er bereit war, dafür auszugeben.

Der Tischautomat in Form eines 66 Zentimeter langen Schiffs ist ein ganz besonders wertvolles Objekt aus vergoldetem Silber und Messing, das 1585 vom Augsburger Automatenmacher Hans Schlottheim für Kaiser Rudolf II. erschaffen wurde. Solche Automaten dienten als Tischdekor und trugen zur Belustigung der Tafelrunde bei – ein kostbares Spielzeug für Reiche. Da das Museumsstück nicht in Betrieb genommen werden kann, hält die moderne Technik einen besonderen Leckerbissen für den begeisterten Besucher bereit: Auf eigenen Tablets kann das Prunkstück inklusive Kanonenschüssen und Rauch in Aktion bestaunt werden. So lässt sich das Glücksgefühl des Kaisers und seiner Gäste beim Betrachten dieses außergewöhnlichen Meisterwerks bestens nachempfinden.

In Raum XXIV der Kunstkammer steht der Glockenturmautomat, der vom selben Künstler gefertigt wurde. Auch hier kann der höchst amüsante Ablauf auf einem Tablet verfolgt werden.

Selbst im Zeitalter des Smartphones entzückt die raffiniert ausgeklügelte Mechanik der nach wie vor funktionstüchtigen Apparate und lässt die Herzen der Betrachter höherschlagen.

- Kunsthistorisches Museum, Maria-Theresien-Platz, 1010 Wien, Tel. +43 (1) 52 52 40, www.khm.at
- ÖPNV: U-Bahn U3, Haltestelle Volkstheater; Straßenbahn 71, D, 1, 2, Haltestelle Burgring

Andacht mit Waldesduft

11 Die Wallfahrtskirche Maria Grün

Die Wiener lieben ihren Prater und unternehmen regelmäßig Spaziergänge auf dem rund 600 Hektar großen Areal, doch kaum einer kennt die kleine Wallfahrtskirche Maria Grün, die sich auf einer abgeschiedenen Waldlichtung in der Nähe des Lusthauses befindet.
Ende des 19. Jahrhunderts gab es in der schwach besiedelten Freudenau eine Volksschule. Die nächstgelegene Kirche war allerdings so weit entfernt, dass der Lehrer Anton Schentz ein Marienbild an einem Baum befestigte, um dort Andachten für seine Schüler zu halten. Bald fanden sich zahlreiche Gläubige ein, die unzählige Heiligenbildchen an den Bäumen in nächster Umgebung anbrachten, sodass die Praterverwaltung gezwungen war, diese zum Schutz der Bäume zu entfernen und mehrere Wagenladungen abzutransportieren. 1924 wurde an dieser Stelle die kleine Kirche Maria Grün errichtet, die seitdem bei Wallfahrern ein sehr beliebtes Ziel ist. Ihren Namen verdankt sie dem Gnadenbild, das Maria mit dem Kinde im Prater zeigt.
Die kleine Kerzenkapelle neben der Kirche ist mit Danksagungen und Marien-Darstellungen ausgekleidet. Daneben kann man sich im Schatten eines mit unzähligen Engelsfiguren geschmückten Baumes niederlassen, um dem Vogelgezwitscher zu lauschen.
Die Gottesdienste bei Pater Clemens, der seit über 20 Jahren in Maria Grün tätig ist, sind jedes Mal ein beglückendes Ereignis, sind doch seine volksnahen Predigten Nahrung für die Seele. Der Pater mit Herz und Verstand ist in der Aids-Seelsorge engagiert, deren Hauptsitz seit dem Jahr 2000 Maria Grün ist. In den Kreuzweg wurde eine aus roten Blumen gebildete Schleife eingebunden. Sie wird von weißen Steinchen gesäumt, die zur Erinnerung an die HIV-Opfer mit Namen und Sterbejahr versehen sind.
Da der Pater selbst Hundebesitzer ist, freut er sich auch während der heiligen Messe über Hundebesuch. Die Ruhe des Waldes und die friedliche Gemeinschaft bringt den Kirchenbesuchern Gott ein Stückchen näher. Und den Hunden auch.

- Wallfahrtskirche Maria Grün, Aspernallee 1, 1020 Wien, Tel. +43 (1) 7 29 60 00
- ÖPNV: Bus 77A, Haltestelle Aspernallee/Schule

DANKE HL. MARIA
BITTE HILF WEITER
Heilge Maria, Du hast geholfen, danke, bitte, hilf weiter!
E.F.
Andreas Anderschitz sen.
1879 — 1952 Wien
Förderer von Maria Grün
HL. MARIA
VIELEN DANK
BITTE HILF WEITER

Kunterbunter Spaß

12 Der Garten

Ob Sport, Spiel oder Unterhaltung – im „Garten“ steht auf jeden Fall Spaß auf dem Programm. Direkt an der Prater Hauptallee lädt der bunt erleuchtete Schriftzug „Der Garten“ die Passanten ein, die 2017 auf der Spenadlwiese entstandene Freizeitoase zu erkunden: ein richtig gemütlicher Ort, wo man sowohl aktiv sein als auch vom Alltagsstress abschalten kann. Zwei Beachvolleyballplätze sorgen für Strandfeeling, der absolute Renner ist allerdings das mit ein paar Zentimeter Wasser gefüllte Becken, in dem man eine besonders erfrischende Sportart ausüben kann: An heißen Sommertagen bietet Wasserfußball eine willkommene Abkühlung! Die Platzmiete schreckt die Fans nicht ab, denn sie kann in Form von Speisen und Getränken wieder eingelöst werden.

Auf den Terrassen mit ihren bunten Tischen und Stühlen wird für das leibliche Wohl gesorgt. Neben leichter Kost und Fingerfood hat man sich im Garten vor allem auf Burger aller Art spezialisiert. Wer hier einmal einen Burger verkostet hat, schwärmt noch wochenlang davon.

TIPP

Es werden auch Brunches und Partys organisiert, die auf der Website angekündigt werden.

In Sichtweite der Terrassen wurde ein großzügig angelegter Kinderspielplatz eingerichtet. Während die Erwachsenen sich bei einem Cocktail und angenehmer Musik entspannen, müssen sich die Kleinen nicht langweilen, denn hier werden unzählige Möglichkeiten zum Herumturnen und Austoben geboten. Und wenn der Nachwuchs glücklich ist, sind es die Eltern auch. Das angenehme Verweilklima verführt viele, länger zu bleiben, zumal an manchen Abenden auf einer großen LED-Leinwand ein spannender Film gezeigt wird.

Der Garten verfügt darüber hinaus über ein sogenanntes Beer-Bike. Das überdimensionale Fahrrad mit integrierter Bar ist eine mobile Bierstation und hält für sportliche Bierliebhaber eine willkommene Überraschung bereit; im Mietpreis ist eine Bier-Flatrate inkludiert, man kann innerhalb von zwei Stunden so viel Bier selbst zapfen und trinken, wie man will. Ob aktiv oder passiv, der Garten ist ein richtiger Wohlfühlort, an den man gerne zurückkehrt.

- Der Garten, Spenadlwiese, 1020 Wien, Tel. +43 (6 76) 5 71 66 05
www.der-garten.at
- ÖPNV: Straßenbahn 1, Haltestelle Prater Hauptallee

Christkind im Anflug

13 Der Adventmarkt am Karlsplatz

Alle Jahre wieder sprießen die Weihnachtsmärkte in der ganzen Stadt aus dem Boden. Bretterbuden werden Seite an Seite aufgebaut, und schon bald lockt der verführerische Duft von Punsch und Glühwein die Besucherscharen an.

Ein ganz besonderer Christkindlmarkt ist der „Art Advent" am Karlsplatz. Die barocke Karlskirche im Hintergrund verleiht dem Markt eine ebenso malerische wie imposante Kulisse. Der große Teich vor der Kirche wird alljährlich zu einer Kiddie-Zone umgestaltet, wo die Kleinsten im Stroh herumhüpfen, Lamas und andere Haustierarten streicheln oder in der Sternenwerkstatt mit Naturwerkstoffen kreative Weihnachtsgeschenke für ihre Eltern basteln können.

Auch für sportliche Betätigung ist gesorgt: Gemeinsam muss fest gestrampelt werden, um den Draisinen-Express in Fahrt zu bringen. Beschaulicher ist eine Runde mit dem „fahrbaren Diwan", in dem ein livrierter Diener ausgefallene Handwerkserzeugnisse vorführt.

Die Stände sind rund um den Teich angeordnet, und die Organisatoren haben sich zum Ziel gesetzt, dass ausschließlich heimisches Kunsthandwerk zum Verkauf angeboten wird. Wer wissen möchte, wie Glas geblasen, Büchereinbände gefertigt oder Kerzen gezogen werden, kann die Schauwerkstatt besuchen. Auf diesem Markt findet man ganz sicher die richtigen Geschenke für seine Liebsten.

Die kulinarische Auswahl ist reichhaltig, und das biologisch zertifizierte Gastronomieangebot stammt samt und sonders aus den Genussregionen Österreichs. Für einen gesunden Imbiss ist auf jeden Fall gesorgt!

Art Advent bietet ein buntes Rahmenprogramm. Täglich gibt es zahlreiche Veranstaltungen: Feuertanz und Stelzentheater, Autoren verschiedenster Kulturen lesen aus ihren Werken vor, und Livemusik beglückt das Ohr, zu der nach dem einen oder anderen Punsch auch das Tanzbein geschwungen werden kann. Selbst eingefleischte Weihnachtsmuffel empfinden in diesem stimmungsvollen Ambiente ein vorweihnachtliches Glücksgefühl.

● Adventmarkt am Karlsplatz, 1040 Wien
www.divinaart.at
● ÖPNV: U-Bahn U1, U2, U4, Bus 4A, Haltestelle Karlsplatz

GAST

Vom Kunsteis zur Eiskunst

14 Der Eislaufplatz Engelmann

Alles begann 1868, als Eduard Engelmann für seine Familie eine künstliche Eisfläche in seinem privaten Garten aufspritzen ließ. Bald stellte sich heraus, dass es sich dabei um eine weltweit bahnbrechende Erfindung handelte. In weiterer Folge bastelte er einen Schlittschuh, indem er eine Messerklinge in einem Holzstück befestigte, und sehr schnell gesellte sich ein zweiter Schuh dazu. Kurz darauf erwarb Engelmann einen Gewerbeschein für die Nutzung einer Eisbahn in seinem Hausgarten. Höchstpersönlich ging er, mit Schneeschieber und Gießkanne bewaffnet, über die Bahn, um für eine spiegelglatte Eisfläche zu sorgen. 1909 eröffnete sein Sohn Eduard die erste Freiluft-Kunsteisbahn der Welt, die den Eisläufern ermöglichte, den ganzen Winter lang mitten im Stadtgebiet zu trainieren. Diese Initiative sollte sich lohnen, denn die Engelmann-Dynastie brachte zahlreiche Olympiasieger, Welt- und Europameister hervor, und Österreich war über ein halbes Jahrhundert Nummer eins im Eiskunstlauf.

Anfang der Siebzigerjahre verkaufte die Familie Engelmann die Sportstätte an einen Warenhauskonzern, die Stadt Wien wollte den Bau des Kaufhauses allerdings nur unter der Bedingung genehmigen, dass der Eislaufplatz erhalten bleibt. Der höchst originelle Kompromiss, die Kunsteisbahn einfach auf dem Warenhausdach anzulegen, findet heute noch großen Zuspruch – wo sonst kann man mit Blick auf die umliegenden Dächer über eine blanke Eisfläche gleiten oder gar den dreifachen Rittberger üben? Mittlerweile wurde dem Zeitgeist Rechnung getragen, denn abgesehen vom Damen- und Pärchentag wird nun auch eine Eis-Disco geboten, damit die Jugend zu Hip-Hop- und Technomusik schwungvoll übers Eis flitzen kann. Auch das Eistanzen hat nichts von seinem Reiz verloren, jeden Sonntag findet vormittags das beliebte Wunschkonzert statt, und so wird das Eistanzbein vergnügt zu Tango, Walzer, aber auch zu modernen Schlagern geschwungen. Der Muskelkater tags darauf ist der Beweis, dass man dieses Sporterlebnis nicht geträumt hat!

TIPP

Eisschuhe kann man vor Ort ausleihen oder kaufen. Es werden auch Eislauf- und Eistanzkurse angeboten.

- Kunsteisbahn Engelmann, Syringgasse 6–14, 1170 Wien, Tel. +43 (1) 4 05 14 25 www.engelmann.co.at
- ÖPNV: U-Bahn U6, Haltestelle Alser Straße, dann Straßenbahn 43, Haltestelle Palffygasse

mehr wien zum leben.
wienholding

Frühstück für Langschläfer

15 Das Café Phil

Für jene, die den Tag langsam angehen lassen möchten, ist Phil das ideale Café, denn hier gibt es bis 16 Uhr Frühstück, das nicht nur ausgiebig, sondern auch köstlich ist. Neben wohlfeilen Kleinigkeiten ist das Phielfraßfrühstück besonders zu empfehlen.
Die Wartezeit lässt sich bei angenehmer Hintergrundmusik mit Schmökern im vielfältigen Buchsortiment überbrücken. Bibliophile finden in den voll beladenen Bücherregalen eine interessante Auswahl an oft außergewöhnlichen oder sogar schrägen Büchern, die meisten stammen von Independent-Verlagen.
Das Café Phil hat die seltene Qualität des zweiten Wohnzimmers. Die verschiedenartigen Tische, Stühle und Sofas im Retro-Stil vermitteln eine dermaßen gemütliche Atmosphäre, dass man sich sofort wie zu Hause fühlt und es sich auf den Sitzmöbeln bequem macht, um sich in ein Buch zu vertiefen und alles um sich herum zu vergessen.
Dieser Glücksort ist eine gelungene Mischung aus Café und Secondhandladen, denn hier kann fast alles käuflich erworben werden, sogar ein Teil der Einrichtung und allerlei hübscher Kleinkram! Die Preise sind auf einer eigenen „Speisekarte“ ersichtlich. Das Mobiliar stammt von Bananas, einem Gebrauchtmöbelgeschäft, das sich auf ausgefallene Möbel, Designerstücke und kuriose Wohnaccessoires mit einer gewissen Patina spezialisiert hat. Die Kooperation mit dem Café Phil entspricht dem altbewährten Geschäftsmodell, als man vor dem Erwerb noch Probesitzen und das Material befühlen durfte.
Das Café mit Wohnzimmerflair ist eine wahre Fundgrube für alle, die gerne ausgiebig stöbern. Bei Abendeinbruch verwandelt sich das Phil in eine heimelige Bar mit einer entspannenden Geräuschkulisse, wo man sich gern trifft, um angeregte Gespräche zu führen oder einfach nur abzuschalten. Besondere Highlights sind die regelmäßig angebotenen Lesungen und Filmabende.
Im Phil findet man alles, was man für einen perfekten Auszeittag so braucht. Zum Schlafen muss man allerdings wieder nach Hause gehen!

● Café Phil, Gumpendorfer Straße 10–12, 1060 Wien, Tel. +43 (1) 5 81 04 89
www.phil.love
● ÖPNV: Bus 57A, Haltestelle Getreidemarkt

THE BOOK OF MIRACLES
Romy Schneider
Film für Film
PALMS
classify me, read me. I'm a book, not a
Liebe
Bad Girls throughout History
Hand aufs Herz
JORGE BUCAY
ROADTRIP
Richard David Precht
Liebe

Echt falsch

16

Das Fälschermuseum beim Hundertwasserhaus

Gegenüber dem viel besuchten Hundertwasserhaus befindet sich ein Museum ganz besonderer Art: Wer wissen möchte, was der Unterschied zwischen Fälschungen, Kopien, Verfälschungen und Plagiaten ist oder sich im Aufspüren krimineller Fälschungen üben möchte, ist hier an der richtigen Adresse! Noch zu Lebzeiten berühmter Künstler machten sich begabte Menschen daran, deren Werke zu fälschen, und brachten es mit dem Verkauf nicht nur zu Reichtum: Einige Fälscher wurden dermaßen berühmt, dass ihre Werke fast so teuer wie die Originale gehandelt wurden, was andere Fälscher dazu ermunterte, ihrerseits gefälschte Fälschungen zu produzieren. Kunstfälscher gibt es, seitdem mit begehrten Kunstgegenständen hohe Preise erzielt werden können – sogar Michelangelo sollte als Fünfzehnjähriger von einem Porträt eine Kopie anfertigen, die ihm so gut gelang, dass er eine zweite Kopie anfertigte, das Original behielt und die Kopien zurückgab.

TIPP

Im Shop sind Kopien der gefälschten Gemälde erhältlich – die sind garantiert echt.

Die Tatsache, dass herausragende Kunst und Raritäten immer wieder Kriminelle auf den Plan rufen, ist faszinierend und veranlasste Diane Grobe und Christian Rastner, das Fälschermuseum zu gründen. Das kleine, im gesamten europäischen Raum einzigartige Privatmuseum wurde 2005 im Kellergewölbe einer ehemaligen Tischlerei eingerichtet und wird ständig erweitert. Besonders kostspielig sind Werke, die großen Schaden verursacht und dadurch einen entsprechenden Skandal ausgelöst haben.

Einer der berühmt-berüchtigtsten Fälscher war der Londoner Restaurator Tom Keating, der aufgrund seiner Tätigkeit angeklagt, jedoch wegen seiner maroden Gesundheit auf freiem Fuß verblieb. Er soll mehr als 2000 Werke von über 100 Künstlern gefälscht haben. Seine Werke laden zum genauen Hinsehen ein, denn Keating hat in seine Bilder „Zeitbomben" und Anachronismen eingebaut, die es zu finden gilt. Ein Glücksgefühl überkommt jeden, der fündig wird.

Dieses Museum beschert auch Kunstmuffeln garantiert einen spannenden Besuch mit vielen außergewöhnlichen Geschichten.

● Fälschermuseum, Löwengasse 28, 1030 Wien, Tel. +43 (1) 715 22 96
www.faelschermuseum.com
● ÖPNV: Straßenbahn 1, Haltestelle Hetzgasse

FÄLSCHERMUSEUM
MUSEUM OF
ART FAKES

Eine Sünde wert

17 Die Zuckerlwerkstatt

Wer immer schon wissen wollte, wie Bonbons manuell gefertigt werden, kann hier täglich in der Schauküche den Meistern bei der Arbeit zusehen. Was so einfach aussieht, bedarf handwerklichen Könnens und viel Liebe zum Detail. Es ist faszinierend, dem Entstehen der kleinen Köstlichkeiten beizuwohnen, und wer sich selbst darin üben will, kann in einem Workshop das kleine Einmaleins der Zuckerlproduktion erlernen.

Die Zuckerlwerkstatt lässt Kindheitserinnerungen wieder wach werden. Die kostbaren Süßigkeiten, die hier gefertigt werden, sehen nicht nur genau wie früher aus, sie schmecken auch so. Die Bonbons werden wie anno dazumal handgefertigt, sogar die originalen Prägewalzen aus dem Jahre 1910, die in liebevoller Kleinstarbeit restauriert wurden, kommen zum Einsatz. In Zusammenarbeit mit Friedrich Heller, dem letzten Eigentümer der legendären Wiener Bonbonfabrik, die es sogar zum begehrten Titel eines k. u. k. Hoflieferanten brachte, wurden Bonbonserien aus dem Jahre 1898 wieder zum Leben erweckt. Auch die edlen Verpackungen tragen das Design von einst. Die ältesten Bonbonrezepte, die hier als Vorlage dienen, stammen aus dem 18. Jahrhundert.

Eine wahre Geschmacksexplosion kann man beim Verkosten der Fruchtgelees erleben. Sie werden aus Bio-Früchten, Pflanzenextrakten und vielen weiteren natürlichen Zutaten hergestellt und sind genau wie alle anderen Produkte rein vegan.

Der Einfallsreichtum der Zuckerlproduzenten ist grenzenlos, auf Wunsch werden personalisierte Bonbons hergestellt, man kann sogar ein Firmenlogo einarbeiten lassen. Die Produkte sind so gut, dass die Zuckerlwerkstatt vom New York Times Magazine in die Liste der 33 „most iconic sweets around the world“ aufgenommen wurde.

Nicht nur Kinder finden hier ein süßes Paradies, ein guter Teil der Stammkunden sind ältere Menschen, die den Geschmack aus Kindheitstagen genießen und sich mit handgemachten Glücksmomenten verwöhnen wollen. Ein Ort, der Groß und Klein verzaubert, denn so sollen Zuckerl schmecken!

- Zuckerlwerkstatt, Herrengasse 6–8, 1010 Wien, Tel. +43 (1) 8 90 90 56
  www.zuckerlwerkstatt.at
- ÖPNV: U-Bahn U3, Haltestelle Herrengasse

Kaffee auf der Schulbank

18 Das Hildebrandt Café

Mitten im belebten und doch gemütlichen, gutbürgerlichen 8. Wiener Gemeindebezirk befindet sich das barocke Gartenpalais Schönborn, das 1713 vom Architekten Johann Lukas von Hildebrandt errichtet wurde. Die Erben des Grafen Schönborn hatten kein Interesse an diesem Anwesen und verkauften es 1862 an die Gemeinde Wien. Das Wiener Volkskundemuseum eröffnete darin 1917 seine Pforten, der Garten des einstigen Lustschlösschens wurde der Öffentlichkeit zugänglich gemacht und ist heute unter dem Namen Schönbornpark bekannt.

Das nach dem Architekten des Bauwerks benannte Hildebrandt Café befindet sich im Volkskundemuseum. Die Einrichtung ruft alte Erinnerungen an die Schulzeit hervor, stammen doch sowohl die Stühle als auch die Schulbänke, die mit Löchern für die Tintenfässer ausgestattet sind, aus den Fünfzigerjahren. So entspannt hat man noch nie an einer Schulbank gesessen! Perserteppiche und liebevoll platzierte Grünpflanzen ergänzen das Ensemble und tragen zur Gemütlichkeit bei. Das Café ist nur durch eine Glaswand von den Ausstellungsräumen getrennt, in der wärmeren Jahreszeit kann man sich im lauschigen Gastgarten niederlassen.

Die Kombination von Shabby Chic und barockem Ambiente macht das Hildebrandt Café zu einem besonderen Glücksort, wo man Frühstück, Mittag- und Abendessen genießen kann. Für das „Dinner im Palais" haben sich Museum und Café etwas Besonderes einfallen lassen: Begrüßt wird man mit einem Aperitif, um sich auf die anschließende Führung durch das kleine Palais einzustimmen. Alsbald werden Türen geöffnet, die dem Museumsbesucher sonst verschlossen bleiben, und man bekommt einen wunderbaren Gesamteindruck – vom ehemaligen Weinkeller bis hinauf zum Dachboden. Die Führung endet im Blauen Salon, wo ein Amuse-Gueule auf die Gäste wartet, bevor es zum mehrgängigen Abendessen ins Hildebrandt Café weitergeht. Nach dem köstlichen Mahl erhält jeder Gast ein kleines Präsent mit auf den Weg, um diesen Abend auch wirklich unvergesslich zu machen.

- Hildebrandt Café, Laudongasse 15–19, 1080 Wien, Tel. +43 (1) 4 06 89 05 10
www.volkskundemuseum.at/hildebrandt
- ÖPNV: Straßenbahn 5, Haltestelle Laudongasse

Den Takt halten

19 Das Haus der Musik

Wer immer schon davon geträumt hat, die weltberühmten Wiener Philharmoniker zu dirigieren, hat im Haus der Musik Gelegenheit dazu. Um erfolgreich zu sein, bedarf es folgender Zutaten: des „Virtuellen Dirigenten"-Taktstocks und einer ordentlichen Portion Taktgefühl. Es stehen verschiedene Musikstücke zur Auswahl, bei denen der Takt angegeben werden muss. Bleibt der Kandidat im richtigen Rhythmus, erhält er am Schluss Applaus, wird er den Anforderungen nicht gerecht, wird er von den anspruchsvollen Musikern zurechtgewiesen!
Das Wiener Klangmuseum wurde im Jahre 2000 im ehemaligen Palais eines Mitglieds der kaiserlichen Familie eröffnet. Nachdem Erzherzog Carl mit seiner Familie in die Hofburg umgezogen war, mietete sich der Komponist und Dirigent Otto Nicolai in seinem Palais ein und gründete dort die Wiener Philharmoniker, die heute durch das legendäre Neujahrskonzert weltweit bekannt sind.
Das interaktive Klangmuseum wurde gegründet, um dem Charakter Wiens als Vorreiterstadt in Sachen Musik zu entsprechen. Musik ist ein fester Bestandteil des Wiener Lebensgefühls, und Wien ist die Stadt der Musik: Sie war der Wohnort vieler berühmter Komponisten wie Haydn, Mozart, Beethoven, Schubert und Strauss, deren Lebensgeschichte im dritten Stock des Gebäudes anschaulich aufbereitet ist.
Der absolute Spaßfaktor wartet eine Etage höher auf den Besucher, denn hier kann man auf zwei Bühnen sein ganz persönliches Musiktheater kreieren: Mit „Zeitperlen" erlebt man, wie Musik, Gesang und Bildwelten zu einem Gesamtkunstwerk verschmelzen, und man wird in der 15 Minuten langen Oper selbst ein Teil des Stückes.
Das „Zookonzert" bietet Kindern die Möglichkeit, allein durch die Bewegungen des eigenen Körpers gestaltend einzugreifen und die Tiere des musikalischen Bilderbuchs zum Watscheln, Klatschen und Hüpfen zu bringen. Der Glückseffekt dieses Museumsbesuchs hält lange an, besonders wenn eine eigene Komposition dabei entstanden ist, die noch lange Freude bereitet.

- Haus der Musik, Seilerstätte 30, 1010 Wien, Tel. +43 (1) 513 48 50
  www.hausdermusik.com
- ÖPNV: Straßenbahn 71, D, 2, Haltestelle Schwarzenbergplatz

Wirbelsturm im Glas

20 Das Schneekugelmuseum

Es genügt, die Glaskugel kurz zu schütteln, um ein zauberhaftes Schneegestöber rund um eine Miniatursehenswürdigkeit oder ein anderes Motiv entstehen zu lassen. Je nach Größe der Kugel dauert es bis zu zwei Minuten, ehe der Schnee auf den Kugelboden gefallen ist.
Dieser besondere Effekt kann nur mit einer Original Wiener Schneekugel erzielt werden. Das Schneekugelwunder begann um 1900, als Erwin Perzy I., ein Chirurgieinstrumenten-Mechaniker, eine besonders helle Lichtquelle für Chirurgen entwickeln wollte. Er füllte eine Glaskugel mit Wasser und mengte Grieß bei, der langsam herabsank und Perzy an Schneefall erinnerte. Er stellte ein Modell der Mariazeller Basilika hinein und läutete damit die Geburtsstunde der ersten Schneekugel ein, die als „Glaskugel mit Schneeeffekt" bezeichnet wurde.
Die genaue Zusammensetzung des Schnees ist ein gut gehütetes Geheimnis, das nur Erwin Perzy III. bekannt ist. Seine Tochter Sabine wird erst eingeweiht, wenn sie das Unternehmen in vierter Generation übernehmen wird. Der traditionelle Familienbetrieb und das Museum befinden sich in einem 250 Jahre alten Fuhrwerkhaus. Bei freundlicher Atmosphäre können die Werkstatt des Erfinders der Schneekugel und jede Menge der begehrten Kugeln bewundert werden, und man bekommt auch einen Einblick in das Herstellungsverfahren. Jede Kugel ist so einmalig wie eine Schneeflocke, da die kleinen Kunstwerke auch heute noch in Handarbeit gefertigt werden. Es werden an die 200.000 Stück pro Jahr produziert und in die ganze Welt exportiert, um die Menschen zu erfreuen, denn beim Anblick einer Schneekugel werden kindliche Glücksgefühle wieder wach. Mittlerweile sind sie auch ein begehrtes Sammelobjekt, das Standard-Sortiment umfasst immerhin 350 unterschiedliche Motive der liebevoll gestalteten Winterlandschaften.
Der Besucher ist von der Miniaturwelt des Schneekugelmuseums verzaubert und kann der Versuchung kaum widerstehen, solch eine faszinierende, kleine Winterwelt mit nach Hause zu nehmen.

- Original Wiener Schneekugelmanufaktur, Schumanngasse 87, 1170 Wien, Tel. +43 (1) 4 86 43 41, www.schneekugel.at
- ÖPNV: Straßenbahn 42, Haltestelle Antonigasse

Es geht um die Wurst

21 Der Würstelstand Kaiserzeit

Was wäre Wien ohne seine Würstelstände? Sie sind fester Bestandteil der Großstadtkultur und der österreichische Vorreiter des Fast Foods. Wenn's um die Wurst geht, nimmt so mancher eine Fahrt durch halb Wien in Kauf, um die besten Würstel zu bekommen.

Kaiserzeit rangiert unter den Top Ten der besten Würstelstände der Stadt und erfreut sich zudem einer ausgezeichneten Lage direkt am Donaukanal. Der Kiosk stammt tatsächlich noch aus der Kaiserzeit, 1909 wurde er zunächst als Tabak-Trafik und Zeitungsgeschäft betrieben, erst später wurde daraus ein Würstelstand.

Einer der neuen Betreiber ist kein Unbekannter: Der österreichische Schauspieler Rudi Roubinek, besser bekannt als Obersthofmeister Seyffenstein in der satirischen ORF-Talkshow „Wir sind Kaiser", übernahm den Würstelstand, ließ ihn von Grund auf renovieren und machte daraus einen Mini-Gourmet-Tempel. Die kulinarische Auswahl geht weit über das übliche Würstelstand-Angebot hinaus: Schon beim Durchlesen der Speisekarte läuft einem das Wasser im Munde zusammen. Neben den gängigen Würstelsorten wie Debreziner, Burenwurst und Käsekrainer gibt es die Luxus-Variante der Frankfurter, die sogenannten Sacher-Würstel, die ein bisschen länger und schlanker sind und sich durch eine besonders gute Qualität auszeichnen. Die Frankfurter waren bereits im Kaiserhaus sehr beliebt, Kaiser Franz Joseph soll sie mit Kaisersemmel und Senf regelmäßig genossen haben. Der Name verpflichtet, und so wurde für Kaiserzeit eigens eine Kaiserwurst kreiert: Die getrüffelte Weißwurst aus Kalbs- und Schweinefleisch harmoniert bestens mit einem Glas Champagner.

Die hier angebotenen Biersorten stammen aus den ehemaligen Kronländern, und so kann man den Durst mit tschechischem, ungarischem oder kroatischem Bier löschen. Kaiserzeit ist an manchen Tagen bis Mitternacht geöffnet und bietet somit auch Nachtschwärmern Gelegenheit, den späten Hunger zu stillen, wenn die meisten Lokale schon längst ihre Pforten geschlossen haben.

- Kaiserzeit Würstelstand, Augartenbrücke/Obere Donaustraße, 1020 Wien, Tel. +43 (6 60) 3 60 22 77, www.kaiserzeit.wien
- ÖPNV: U-Bahn U2, U4, Haltestelle Schottenring

KaiserZeit
www.kaiserzeit.wien
ANNO
1909
Kaiser Zeit
Augartenbrücke /
Obere Donaustrasse

Über den Dächern von Wien

22 Die Türmerstube des Stephansdoms

Dieser Glücksort ist mit einer kleinen sportlichen Herausforderung verbunden: 343 Stufen geht es die steinerne Wendeltreppe hinauf, um in die in 72 Metern Höhe gelegene Türmerstube zu gelangen. Voll Tatendrang macht sich der Besucher ans Treppensteigen und zählt mit – schließlich muss ja überprüft werden, ob es wirklich 343 Stufen sind! Nicht nur die schmale Treppe ist gewöhnungsbedürftig, auch die Stufen sind ziemlich hoch. Ehrfurchtsvoll denkt man an den Rekord von rund 1,25 Minuten des letzten Steffl-Turmlaufs. Man kann es aber auch langsamer angehen und sich während des Aufstiegs vorstellen, wie die Steinmetze im Mittelalter Stück für Stück den Turm aufgebaut haben und wie viele Generationen von Füßen diese Treppen im Laufe der Jahrhunderte hinauf- und hinuntergelaufen sind!

Der frei stehende Südturm, den die Wiener liebevoll „Steffl" nennen, misst insgesamt 136,44 Meter und ist ein Juwel der Baukunst des Mittelalters. Nach seiner Fertigstellung im Jahre 1433 diente die Türmerstube zur Feindbeobachtung, insbesondere während der Türkenbelagerung 1529.

Von 1534 bis 1955 war hier die Feuerwache stationiert. Bei einer Feuersbrunst hatte der Türmer alle Hände voll zu tun: Er musste bei Tag eine rote Fahne, nachts eine Laterne in Richtung des Feuers schwenken und schickte eine mit einer Bleikugel beschwerte schriftliche Meldung durch ein Rohr zum Turmmeister hinunter, der die „Feuerin" läuten musste, um die Bevölkerung zu warnen.

Hin und wieder sind die dicken Mauern von kleinen Fensteröffnungen durchbrochen, die einen dünnen Lichtstrahl in den Stiegenaufgang eindringen lassen. Sobald die letzten Stufen überwunden sind, ist das Glück vollkommen, denn der Blick aus den vier Fenstern in alle Himmelsrichtungen ist einfach überwältigend. Es kommt ein Gefühl der Erhabenheit auf, befindet man sich doch mitten in der Stadt und steht dennoch über den Dingen. Noch lange nach dem Abstieg ist das Erlebnis in der Türmerstube höchst beglückend!

- Stephansdom, Stephansplatz 3, 1010 Wien
  www.stephanskirche.at
- ÖPNV: U-Bahn U1, U3, Haltestelle Stephansplatz

Ab in den Dschungel

23 Die Lobau

Ahoi! An der Schiffsanlegestelle bei der Salztorbrücke wartet das NationalparkBoot, um Natur-pur-Freaks eine kleine Zivilisationsauszeit zu bescheren. Die Reise führt in die Lobau – eine der letzten intakten Auenlandschaften Mitteleuropas. Über den Wiener Donaukanal geht es bis zur Donau, dann überquert das Boot den Strom und legt nach etwa 1,5 Stunden beim Ölhafen in der Lobau an. Bereits während der Fahrt kommen Glücksgefühle auf, denn es können Wildenten, Schwäne und Reiher beobachtet werden. Bei der Anlegestelle in der Lobau werden die Passagiere von einem fachkundigen Führer erwartet, um eine Erlebniswanderung durch den Wasserwald zu unternehmen und sich die Besonderheiten des sensiblen Ökosystems erklären zu lassen.

Es ist kaum zu glauben: So nahe bei der Großstadt erstreckt sich über zig Quadratkilometer eine grüne Oase mit naturbelassenen Teichen, verwachsenen Bäumen und einer eindrucksvollen Tier- und Pflanzenwelt, die zahlreichen Arten Lebensraum bietet. Man begegnet Rehen, Bibern, Wasservögeln, Sumpfschildkröten, Unken und mehreren Schlangenarten. Wer besonderes Glück hat, kann den Eisvogel, den „fliegenden Edelstein", beobachten, der ebenfalls hier sein Zuhause hat und das Wahrzeichen des Nationalparks ist. Die Unterwasserfauna ist genauso reichhaltig: In den unzähligen Wasserstellen tummeln sich sowohl friedliche als auch Raubfische aller Größen. Die Lobau weist darüber hinaus sogenannte Heißländen mit karger Vegetation auf, wo im Frühling eine unglaubliche Vielfalt an heimischen Orchideen blüht.

TIPP

Die Lobau kann auch über den Landweg erreicht und auf eigene Faust erkundet werden.

Die Lobau ermöglicht auch Geschichtefans, auf dem 10 Kilometer langen Napoleon-Rundwanderweg ihr Glück zu finden, denn 1809 verlor Napoleon hier seine erste Schlacht, was ihn den Ruf der Unbesiegbarkeit kostete. Der Weg führt am Friedhof der Franzosen und den steinernen Obelisken zum Gedenken an die historischen Geschehnisse vorbei.

Nach dem Besuch dieser paradiesischen Gegenwelt fällt es vielen schwer, in die Zivilisation zurückzukehren!

- NationalparkBoot, Franz-Josefs-Kai 45, 1010 Wien, Tel. +43 (1) 4 00 04 94 95
- ÖPNV: Straßenbahn 1, Bus 2A, Haltestelle Salztorbrücke

Mit Rosen bedacht

24 Der Volksgarten

Mit einer Rosenpatenschaft kann man einem geliebten Menschen ein dauerhaftes und originelles Geschenk machen. Der Rosengarten im Volksgarten umfasst 3000 Rosensträucher von mehr als 200 Rosensorten. Um Rosenpate seiner Lieblingssorte zu werden, entrichtet man einen Kostenbeitrag für die Pflege des Rosenstocks und erhält dafür eine Patenschaftsurkunde der Österreichischen Bundesgärten. Die Rose wird mit einem Schild mit persönlicher Widmung versehen, es ist also eine öffentliche Liebeserklärung, von der alle etwas haben, denn der betörende Duft der Rosenblüten beglückt alle Gartenbesucher. Die romantische Kulisse veranlasst zahlreiche frisch getraute Ehepaare, ihre Hochzeitsfotos im Volksgarten machen zu lassen. Ein sehr beliebtes Fotomotiv ist auch das Denkmal der Kaiserin Elisabeth, besser bekannt als Sisi, die inmitten einer abseits gelegenen Jugendstil-Anlage thront und von einem Teich mit Springbrunnen und einladenden Sitzbänken umgeben ist.
Der Volksgarten war ursprünglich als Privatgarten für die Erzherzöge gedacht, wurde aber 1823 für das „gemeine Volk" freigegeben. Es ist eine Wohltat, sich auf den Bänken und Wiesen des Volksgartens niederzulassen und die müden Beine zu entspannen. Auch viele Studenten wissen den duftenden Ruhepol sehr zu schätzen und nutzen das angenehme Ambiente, um in aller Ruhe zu arbeiten. Zudem kann der Garten mit einem echten Blickfang aufwarten: Der strahlend weiße Theseus-tempel ist eine verkleinerte Nachbildung des Theseions von Athen. Er wird regelmäßig vom Kunsthistorischen Museum für ausgefallene Ausstellungsprojekte genutzt.
Damit das Glück vollkommen ist, gibt es selbstverständlich auch ein Kaffeehaus. Der kleine Pavillon diente ursprünglich als Wasserspeicher, bevor er in eine Milchtrinkhalle und schließlich in das heutige Café Meierei umgewandelt wurde. Nichts geht über Kaffee und Apfelstrudel im gemütlichen Schanigarten mit seinen Schatten spendenden Bäumen, bevor man die City-Oase gestärkt verlässt.

- Volksgarten, 1010 Wien
- ÖPNV: U-Bahn U2, U3, Haltestelle Volkstheater; Straßenbahn 1, 2, D, 71, Haltestelle Ring/Volkstheater

Das verlängerte Wohnzimmer

25 Café Hawelka

„I wär net der Hawelka ohne mei Frau" – so äußerte sich der Gründer des legendären Kaffeehauses. Das Ehepaar Hawelka hatte einen gemeinsamen Traum, der sich 1939 mit der Eröffnung des Cafés Hawelka erfüllte. Das junge Ehepaar verbrachte nicht nur die Flitterwochen im Café, während der ersten Jahre wohnte es sogar dort, da für eine eigene Wohnung das Geld fehlte. Nach den Kriegsjahren ging Leopold in den Wienerwald, um Feuerholz zu sammeln, während Josephine den Betrieb „schupfte" und Kaffee am Holzofen kochte. Spätabends bereitete sie die beliebten Buchteln (eine mit Marmelade gefüllte österreichische Spezialität aus Hefeteig) nach dem Rezept ihrer böhmischen Schwiegermutter zu, und so mancher Gast blieb länger als geplant, um sich diese Köstlichkeit nicht entgehen zu lassen. Das Interieur mit den kleinen Marmortischchen und Thonet-Sesseln stammt noch aus der 1906 eröffneten „Je t'aime"-Bar und wurde in seinem Originalzustand belassen. Auch ein „Chambre séparée" geht auf diese Zeit zurück, das allerdings heute als Lager dient.

Der urige Charakter dieses Kaffeehauses zog bereits in den Fünfzigerjahren zahlreiche Künstler in seinen Bann, und so wurde das Hawelka zum wichtigsten Treffpunkt der Wiener Kunstszene. Unsterblich machte es der Liedermacher und Austro-Pop-Sänger Georg Danzer mit seinem Lied „Jö schau". Für viele Stammgäste war das Kaffeehaus das verlängerte Wohnzimmer, wo sie sich sogar am Münztelefon anrufen lassen konnten.

Die Aussicht, auf alten Möbeln Platz zu nehmen, auf denen schon Berühmtheiten wie Oskar Werner, Friedensreich Hundertwasser, Udo Jürgens und viele andere kreativ gewesen sind, zieht heute noch viele Besucher an. Auf die Buchteln muss man nicht verzichten, sie werden immer noch allabendlich nach dem Familienrezept frisch gebacken und erfreuen den Gaumen.

Das Kaffeehaus wird heute von den Erben betrieben, die gemütliche Atmosphäre ist geblieben, und wenn man Wien in Reinkultur erleben will, darf ein Besuch im Hawelka keinesfalls fehlen.

- Café Hawelka, Dorotheergasse 6, 1010 Wien, Tel. +43 (1) 512 82 30
  www.hawelka.at
- ÖPNV: U-Bahn U1, U3, Haltestelle Stephansplatz

AFÉ
WELKA
PIZZ

Fußglück

26 Schuhgeschäft im Deutschordenshaus

Wenn der Schuh drückt und der Innenstadt-Spaziergang zur Qual wird, kann im Flagship-Store Vienna schnell Abhilfe geschaffen werden. Im historischen Gewölbe des Deutschordenshauses in der Nähe des Stephansdoms hat sich ein Schuhmacher eingemietet, der es versteht, geplagten Füßen das Gefühl zu verleihen, auf Wolken zu wandeln. Oft genügt eine Einlage, manchmal braucht es neue Schuhe; beides kann man hier in ausgezeichneter Qualität finden, um die Stadtbesichtigung beglückten Fußes fortzusetzen.
Einmal vor Ort, sollte man es auf keinen Fall versäumen, die wunderschönen Innenhöfe des Deutschordenshauses zu besichtigen.
Im 13. Jahrhundert siedelte sich hier der Deutsche Ritterorden an, deren Hochmeister jahrhundertelang österreichische Erzherzöge waren. Seit 1809 befindet sich der Sitz des Hochmeisters des Ordens im ehrwürdigen Gebäude, das seine heutige Gestalt im 17. Jahrhundert erhielt. Es ist untrennbar mit den Namen zweier Komponisten verbunden: 1781 bewohnte Wolfgang Amadeus Mozart mit dem Gefolge des Salzburger Fürsterzbischofs Graf Colloredo das Haus. Allerdings nicht sehr lange, da er nach einer heftigen Auseinandersetzung mit dem Fürsterzbischof vom Oberstküchenmeister Graf Arco mit einem Fußtritt höchst unsanft hinausgeworfen wurde. Johannes Brahms' Aufenthalt endete nicht so spektakulär, er wohnte zwei Jahre lang (1863–1865) im obersten Stockwerk des Hauses. Man muss aber kein Musiker sein, um hier zu wohnen, denn das Deutschordenshaus verfügt heute über ein einladendes, gemütliches Gästehaus. In der kleinen, in den Gebäudekomplex eingebundenen gotischen Kirche mit ihrem wunderbaren Sterngewölbe werden regelmäßig Konzerte abgehalten. Mehr als 80 Wappenschilde, die von vermögenden Rittern stammen, zieren die Kirchenwände.
In einem der Innenhöfe befindet sich der große Gastgarten des Teehauses Haas & Haas, wo man sich mit bester Teequalität und Köstlichkeiten aus der eigenen Patisserie verwöhnen lassen kann.

- Schuhgeschäft FinnComfort Flagship-Store Vienna, Singerstraße 7, 1010 Wien, Tel. +43 (1) 512 35 75, www.finncomfort-vienna.at
- ÖPNV: U-Bahn U1, U3, Haltestelle Stephansplatz

ICH
STEH
AUF
WIEN
Maßanfertigung von
individuell angepassten
orthopädischen
Einlagen
Finn
Comfort®
Made in Germany
www.finncomfort-vienna.at
FLAGSHIP
STORE VIENNA

Nostalgische Zeitreise

27

Der Böhmische Prater

Noch einmal Kind sein – dieser Wunsch kommt bei einem Besuch des Vergnügungsparks auf dem Wienerberg unweigerlich auf.
Im Gegensatz zu seinem „großen Bruder“, dem Wurstelprater im 2. Wiener Gemeindebezirk, geht es im Böhmischen Prater beschaulich zu. Die Anzahl der Fahrgeschäfte ist zwar nicht spektakulär, aber die Tatsache, dass sie zum Teil aus dem 19. Jahrhundert stammen, macht sie zu ganz besonderen Attraktionen. Das seit 1984 unter Denkmalschutz stehende, einzigartige Ringelspiel aus dem Jahre 1890 ist mit seinen zwölf Holzpferden Europas ältestes Karussell. Der ursprüngliche Handantrieb im Keller wurde um 1920 durch einen heute noch funktionstüchtigen Elektromotor ersetzt. Jedes Springpferd ist ein Unikat und hat sogar einen Namen; ein Mechanismus mit Federzügen ermöglicht dem Reiter, während der Fahrt vor und zurück zu wippen. Zwischendurch empfiehlt sich ein Abstecher zur „Süßen Tram“, wo Naschkatzen eine große Anzahl an Köstlichkeiten vorfinden. Und selbstverständlich darf im „Kleinen Prater“ ein Riesenrad nicht fehlen! Das Panorama-Rad ist nur 21,5 Meter hoch, bietet aber einen großartigen Fernblick, da man an klaren Tagen bis in die Slowakei sieht.

TIPP

Der angrenzende Laaer Wald lädt zu einem entspannenden Spaziergang ein.

Der Rummelplatz entstand in der zweiten Hälfte des 19. Jahrhunderts, um den vorwiegend aus Böhmen stammenden Arbeitern der nahe gelegenen Wienerberger Ziegelwerke die Freizeit zu versüßen. In einer ehemaligen Werkskantine wurde das erste Gasthaus eingerichtet, dessen Betreiber alsbald um Genehmigung zur Aufstellung eines Karussells und einer Schaukel ansuchte. Dem Beispiel folgten zahlreiche Schausteller und Gastronomen, und so waren 1884 bereits 20 Gaststätten und zahlreiche Attraktionen hier angesiedelt, die den Arbeitern und ihren Familien vergnügliche Stunden bescherten.
Die heitere, unbefangene Atmosphäre macht diesen Glücksort zu einem nach wie vor beliebten Ausflugsziel für Familien. Heute wie damals erfreuen sich die Besucher am umfassenden Vergnügungsangebot.

- Böhmischer Prater, Laaer Wald, 1100 Wien
www.böhmischerprater.at
- ÖPNV: U-Bahn U1, Haltestelle Reumannplatz, dann Bus 68A, Haltestelle Urselbrunnengasse

Otto

Gemma tschaunern ...

28 Die Tschauner-Bühne

... hieß es bereits 1909, als der Theaterdirektor Gustav Tschauner eine Sommerbühne in der Brigittenau gründete.
Im Alter von 50 Jahren wandelte er auf Freiers Füßen und ehelichte die 19-jährige Karoline Rudolf, die als Tochter einer Schaustellerfamilie die elterliche Bühne in der Kendlerstraße mit in die Ehe brachte. 1957 übersiedelte das Theater in die Maroltingergasse. Nach dem Ableben ihres Mannes 1961 führte seine Frau das Unternehmen erfolgreich weiter, zog sich aber 1987 aus dem Geschäft zurück und verkaufte es an das Wiener Volksbildungswerk.
Da das Pawlatschentheater mittlerweile schwer einsturzgefährdet war, wurde es abgerissen, aus Mitteln der Stadt und Sponsorengeldern neu aufgebaut und begeistert seit 1989 unter dem Namen „Original Wiener Stegreifbühne, vormals Tschauner“ wieder seine Zuseher.
Ein Abend in der nach wie vor äußerst beliebten Spielstätte ist ein erquickendes Freiluftspektakel. Das Stegreifspiel der Tschauner Bühne wurde 2018 sogar in die UNESCO-Liste des Immateriellen Kulturerbes aufgenommen. Der Stegreif ist die hohe Kunst des Improvisierens und somit die beste Schule für Schauspieler, die sich voll und ganz in die Bühnensituation einlassen müssen.
Die Aufführung erfolgt fast ohne Vorbereitung, nur die Figuren und die Szenenfolge werden festgelegt. Die Dialoge sind dem Einfallsreichtum und der Genialität der Schauspieler überlassen. Dadurch kommt es zum größten Vergnügen des Publikums immer wieder zu neuen, äußerst komischen Situationen.
Das Vorstadtflair ist erhalten geblieben, ein Heurigenbuffet sorgt mit kleinen, herzhaften Speisen für das leibliche Wohl; das traditionelle Tschauner-Menü besteht aus einer Knacker mit einem Bier oder G'spritzten und kann ganz entspannt im angrenzenden heimeligen Heurigengarten verzehrt werden.
Die Vorstellung wird im Freien abgehalten, aber dank des mobilen Schiebedachs vermag auch ein Regenguss das Vergnügen nicht zu trüben.

● Tschauner-Bühne, Maroltingergasse 43, 1160 Wien, Tel. +43 (1) 914 54 14
www.tschauner.at
● ÖPNV: U-Bahn U3, Haltestelle Kendlerstraße

Kleine süße Welt

29 Bonbons Anzinger

Bei Bonbons Anzinger bekommt man süße Köstlichkeiten, die im Supermarkt nicht erhältlich sind! Jeder fühlt sich sofort willkommen in diesem kleinen, heimeligen Geschäft. Frau Anzinger und ihr gut geschultes Verkaufsteam sind immer bestrebt, den individuellen Geschmack des jeweiligen Kunden zu treffen und diesen mit erlesenen Spezialitäten zu beglücken. Aufmerksamer Service und Freundlichkeit werden hier ganz großgeschrieben, denn nur ein zufriedener Kunde kommt wieder.

Das Geschäft ist seit 1939 im Besitz der Familie. Frau Anzingers Mutter, damals noch Fräulein Schmid, war hier als ausgelernte Verkäuferin tätig, es sollte sich jedoch bald herausstellen, dass ihre Chefin nicht viel für den Laden übrighatte und ihn loswerden wollte. Sie bot ihrer tüchtigen Angestellten an, ihn zu übernehmen, sie müsse ihr nur die Ware abkaufen. Fräulein Schmid fehlten jedoch die finanziellen Mittel, und so bat sie ihre Mutter um vorzeitige Aushändigung ihrer Mitgift. Die Mutter reagierte empört und weigerte sich kategorisch, für „so einen Blödsinn" das angesparte Geld lockerzumachen. Fräulein Schmid bekam ihr Geschäft dennoch, da sich ein benachbarter Wachmann bereit erklärte, für sie zu bürgen. Als das fleißige Fräulein einige Jahre später Herrn Anzinger heiratete, war die so eifersüchtig bewahrte Brautausstattung infolge der Geldentwertung nur noch einen Rucksack wert. Davon ließ sich die junge Frau Anzinger nicht entmutigen und machte sich mit viel Fleiß und stetiger Präsenz einen Namen, dem ihre Tochter heute alle Ehre macht, denn Bonbons Anzinger ist das Bonbongeschäft Wiens!

TIPP

Diabetiker, Allergiker und Veganer finden hier glutenfreie, laktosefreie und Fair-Trade-Produkte.

Ihre Erfahrung und Kenntnisse kommen den Kunden zugute, denn sie hat sich durch ihr gesamtes Sortiment gekostet und weiß genau, was sie verkauft. Sie achtet auf Herkunft und Herstellung der Produkte und kann daher für beste Qualität garantieren. Ob Trüffel, Marzipan oder Lebkuchen, alles ist liebevoll und appetitlich angerichtet, sodass man bei Frau Anzinger immer ein bisschen mehr einkauft als geplant.

- Bonbons Anzinger, Tegetthoffstraße 7, 1010 Wien, Tel. +43 (1) 5 13 65 53
www.bonbons-anzinger.at
- ÖPNV: U-Bahn U1, U2, U4, Haltestelle Karlsplatz

REBER-PASTETE
1Stk. 1.90
PISCHINGER
WIENER-TÖRTCHEN
1Stk. 1.50
FLORENTINER
10dag 4.90
SCHWEIZER-TRÜFFEL

Ein Kaffeehaus mit Patina

30

Das Café Bräunerhof

Im Café Bräunerhof scheint die Zeit stehen geblieben zu sein. Man spürt es bereits beim Betreten des Lokals: Hier herrscht echte Wiener Kaffeehaus-Atmosphäre, hier ist ein Stück Wiener Seele daheim, in dieser Welt hat ein gepflegtes „Sie wünschen, gnä' Frau?" noch seinen Platz.

Die im Minutentakt vorbeiziehenden Fiaker verstärken den Eindruck, in die Vergangenheit zurückversetzt worden zu sein, und wahrscheinlich würde man sich nicht einmal wundern, den längst verstorbenen Thomas Bernhard an seinem Stammplatz anzutreffen.

Um 1920 wurde hier das Tanzcafé Sans Souci eröffnet, das insbesondere von den Antiquitätenhändlern aus der näheren Umgebung besucht wurde. 1938 wechselte das Lokal den Besitzer und wurde nach dem Gebäude, in dem es untergebracht ist, Bräunerhof benannt.

TIPP

An heißen Sommertagen lässt ein Eiskaffee im Schanigarten die Hitze vergessen.

In dieser leicht schummrigen, unaufgeregten Umgebung abseits der touristischen Trampelpfade lässt es sich gut lesen, sorgt doch die große Auswahl an internationalen Tageszeitungen für stundenlange Beschäftigung. An Wochenenden und Feiertagen spielt das Bräunerhof-Trio auf und sorgt für eine gediegene Stimmung im Walzertakt.

Dieses Kaffeehaus ist auch richtig gemütlich: Die Einrichtung entstammt längst vergangenen Zeiten, ist ein bisschen abgewetzt, aber gepflegt – gerade der fehlende Schick schafft ein Gefühl der Geborgenheit und lädt ein, die nächsten Stunden mit Muße zu verbringen. Vom Frühstück über das Mittagsmenü bis hin zum Abendessen werden die Gäste mit feinen Wiener Schmankerln versorgt, vor allem die hausgemachten Mehlspeisen sind ein Gedicht. Auch das Personal scheint einer anderen Zeit entsprungen zu sein: Die Ober, denen traditionell eine gewisse Unfreundlichkeit anhaftet, erfüllen hier alle Erwartungen. Sie bedienen ohne falsche Freundlichkeit und lassen sich keinesfalls stressen. Das Schönste am Bräunerhof ist, dass man hier stundenlang sitzen darf, ohne das Gefühl zu haben, unerwünscht zu sein.

- Café Bräunerhof, Stallburggasse 2, 1010 Wien, Tel. +43 (1) 512 38 93
- ÖPNV: Bus 1A, 2A, Haltestelle Habsburgergasse

RESERVIERT
DIE
TIMES

Piazza in der Innenstadt

31 Das „Kleine Café" am Franziskanerplatz

Nicht weit vom Stephansdom münden mehrere Gässchen in einen heimeligen Platz, der spontan Erinnerungen an den letzten Italien-Urlaub aufkommen lässt. Die hübschen Altbauhäuser, die Franziskanerkirche mit der hellblaugrauen Fassade und der Moses-Brunnen bilden ein harmonisches Ensemble, das sehr einladend ist. In dieser malerischen Umgebung sind gleich mehrere originelle Lokale und Geschäfte angesiedelt, die dem Stadtviertel eine besonders liebenswerte und lebendige Note verleihen. Das in den Siebzigerjahren von Hanno Pöschl gegründete „Kleine Café" ist auch heute noch ein beliebter Szenetreffpunkt und vom Franziskanerplatz nicht wegzudenken. Die Inneneinrichtung ist, wie es sich für ein traditionelles Wiener Kaffeehaus gehört, mit Marmortischchen, Thonet-Sesseln und entlang der Wände mit lederbezogenen Sitzbänken ausgestattet, damit die Gäste im Winter bei größerem Andrang zusammenrücken können – denn wie der Name schon sagt, das „Kleine Café" ist wirklich sehr klein. In der warmen Jahreszeit wird es um einen, im Vergleich zum Café, geräumigen Schanigarten erweitert. Die Frischluftplätze neben dem plätschernden Brunnen sind äußerst begehrt, zumal die friedliche Atmosphäre des kleinen, sonnigen Platzes die Besucher in ihren Bann zieht.

Neben einem ausgiebigen Angebot an Getränken wird die Speisekarte klein gehalten, doch was hier angeboten wird, schmeckt richtig gut. Die belegten Brote erfreuen sich großer Beliebtheit, allen voran das Schinkenbrot mit frischem Kren.

Das „Kleine Café" hat es 1995 als Schauplatz der erfolgreichen Wien-Romanze „Before Sunrise" sogar zu internationaler Berühmtheit gebracht. Hanno Pöschl, der nicht nur Eigentümer des Cafés, sondern auch ein österreichischer Schauspieler ist, wirkt in dem Film ebenfalls mit. In seinem urigen Lokal ist er eher selten anzutreffen. Aber es läuft auch ohne ihn, denn den Glücksort, den er hier geschaffen hat, verlässt man nur ungern.

- Kleines Café, Franziskanerplatz 3, 1010 Wien
- ÖPNV: U-Bahn U1, U3, Haltestelle Stephansplatz

KLEINES CAFÉ

Musical-Hochburg

32 Das Ronacher

Ganz klar, das Ronacher ist eines der schönsten Theater Wiens. Umso unvorstellbarer ist es, dass in den Achtzigerjahren ernsthaft und heftig über einen Abriss und Neuaufbau diskutiert wurde. Die drohende Spitzhacke konnte letztendlich abgewehrt werden, sodass heute allabendlich glücklich beschwingte Menschen diesen Ort verlassen.

Mit der Eröffnung des „Wiener Stadttheaters“ im Jahre 1872 sollte ein bürgerliches Theater ohne Zensur als Konkurrenz zu den kaiserlichen Hofbühnen geschaffen werden. Nachdem das Haus zwölf Jahre später bis zur Grundmauer abbrannte, kaufte Anton Ronacher die Brandruine und ließ von den Architekten Fellner & Helmer ein „Concert- und Ballhaus“ mit dem neuen Namen „Etablissement Ronacher“ errichten. Beim Wiederaufbau entstanden neben dem Theater ein großer Ballsaal sowie ein Hotel mit Restaurant, Kaffeehaus und Wintergarten. Der Zuschauerraum des Varietétheaters war mit Tischen und Stühlen ausgestattet, und die Gäste durften während der Vorstellung trinken, essen und sogar rauchen. Das auf „Kraftmenschen und Athleten“ ausgerichtete Programm lockte vor allem die Vorstadtbevölkerung an. Zwei Jahre später musste Anton Ronacher das Haus aus wirtschaftlichen Gründen aufgeben, der Name blieb.

Es folgten bewegte Jahrzehnte und wechselnde Nutzungen: Jahrelang dominierten Tänzerinnen, Zauberer, Akrobaten und Illusionisten das Theater. Ende der Zwanzigerjahre sandte der österreichische Rundfunk von hier aus seine Musikprogramme über den Äther, und in den Sechzigerjahren stand das Gebäude österreichischen TV-Produktionen zur Verfügung.

Nach einem zehnjährigen Leerstand wurde 1988 mit „Cats“ von Andrew Lloyd-Webber die Musical-Ära eingeläutet. Der aufwendige Umbau zur modernen Musicalbühne und der unermüdliche Einsatz aller hier arbeitenden Menschen machen die Aufführungen im Ronacher zum unvergesslichen Glückserlebnis für das begeisterte Publikum, das sich auf dem Nachhauseweg bereits auf die nächste Produktion freut.

● Ronacher, Seilerstätte 9, 1010 Wien, Tel. +43 (1) 5 88 85
● ÖPNV: U-Bahn U3, Haltestelle Stubentor; U4, Haltestelle Stadtpark

RONACHER
RONACHER
RONACHER
CATS
CATS
RONACHER
CATS
RONACHER
WE ARE MUSICAL

Design zum Träumen

33 Das Museum für angewandte Kunst (MAK)

„Gutes Design ist für die Ewigkeit" – mit diesem Spruch hat der Designer Alberto Alessi die Sache auf den Punkt gebracht. Im Museum für angewandte Kunst kann man sich auf eine Zeitreise des Designs begeben, die über Inneneinrichtungen im Wandel der Zeiten Aufschluss gibt.

Das MAK wurde 1871 als erster Museumsbau der Ringstraße eingeweiht, und ein paar Jahre später fand gleich nebenan die Eröffnung der Kunstgewerbeschule statt. Zur Förderung der heimischen Kunstindustrie wurden ab 1877 Taxen für die Verleihung von Hoftiteln eingeführt. Schließlich wurde 1947 aus dem „Österreichischen Museum für Kunst und Industrie" das „Museum für angewandte Kunst".

Die Sammlung des MAK wurde im Laufe von mehr als 150 Jahren zusammengetragen und in verschiedene Themenschwerpunkte vom Mittelalter bis zur Gegenwartskunst unterteilt. Den Beständen der „Wiener Werkstätte" gebührt ein ganz besonderes Augenmerk, haben doch die Künstler dieser Produktionsgemeinschaft unzählige Alltagsgegenstände, Schmuckstücke und Möbel hervorgebracht, die an Schönheit und Originalität kaum zu überbieten sind. Die Bugholzsessel von Michael Thonet, Tischlermeister und Pionier des Möbeldesigns, sind heute noch in den traditionellen Kaffeehäusern in Verwendung und lassen Designerherzen höherschlagen.

Wer es lieber zeitgenössisch hat, wird im Untergeschoss des Museums fündig. Hier befindet sich der maßstabgetreue Nachbau der Frankfurter Küche von Margarete Schütte-Lihotzky. Sie war die erste Frau, die an der Wiener Universität Architektur studiert hatte, und entwarf die optimale Küche für die winzigen Gemeindewohnungen der Zwanzigerjahre. Der Vorläufer der Einbauküche wurde von der Architektin minutiös auf ihre Funktionalität getestet und hat sich bestens bewährt.

Nach dem Besuch des MAK kommt richtig Lust auf, seine eigenen vier Wände neu zu gestalten – aber vorher empfiehlt es sich, die vielen Eindrücke im angrenzenden Restaurant Salonplafond zu verarbeiten.

- Museum für angewandte Kunst, Stubenring 5, 1010 Wien, Tel. +43 (1) 71 13 60
www.mak.at
- ÖPNV: U-Bahn U3, Haltestelle Stubentor

Vorübergehend verschollen

34 Das Bermudadreieck und die Ruprechtskirche

Das Bermudadreieck verdankt seinen Namen den vielen Lokalen, in denen man, zumindest für ein paar Stunden, untertauchen kann. Es ist eines der beliebtesten Ausgehviertel der Wiener Innenstadt und hat seit seinem Bestehen nichts an Attraktivität eingebüßt. Ab 1980 wurden die ersten Lokale am Rabensteig eröffnet: Das „Krah Krah“ wird bis heute aufgrund seines riesigen Biersortiments sehr geschätzt, und auch der gegenüberliegende „Rote Engel“ gehört zum Urgestein der Szene-Bars des Bermudadreiecks. Der Engel, wie er liebevoll von seinen Stammgästen genannt wurde, war 1981 nach Plänen des avantgardistischen Architekturbüros Coop-Himmelblau gestaltet worden und prägte mit regelmäßigen Live-Auftritten die Musikszene der Achtziger- und Neunzigerjahre.

Dieses Stadtviertel blickt auf eine 2000-jährige Geschichte zurück, denn am Ufer des damaligen Donauverlaufs befand sich das Römerlager Vindobona. Um 740 n. Chr. wurde die Ruprechtskirche errichtet, die dem heiligen Rupert, dem Schutzpatron der Salzschiffer, gewidmet wurde. Das Salzamt am Ruprechtsplatz verwaltete das aus dem Westen Österreichs per Schiff angelieferte kostbare Gut, denn Salz war im Mittelalter eine Monopolware.

In der Seitenstettengasse befinden sich heute noch das Hauptgebäude und der Stadttempel der israelitischen Kultusgemeinde, in den umliegenden Gässchen war das Textilviertel beheimatet, in dem jüdische Händler ihre Waren feilboten. Als die Bekleidungsgeschäfte in den Siebzigerjahren nach und nach verwaisten, vollzog sich ein neuerlicher Wandel: In die leer stehenden Läden mieteten sich zahlreiche Bars und Clubs, Restaurants und Beisln ein, in denen man bis in die frühen Morgenstunden feiern, fröhlich sein und tanzen kann.

Das untertags eher verschlafene Viertel beginnt erst mit Einbruch der Dunkelheit so richtig zu leben, vom gemütlichen Beisammensitzen bis hin zur rauschenden Partynacht ist für jede Stimmung das richtige Lokal für glückliche Stunden parat.

- Rabensteig, Seitenstettengasse, Judengasse, Ruprechtsplatz, 1010 Wien
- ÖPNV: U-Bahn U1, U4, Straßenbahn 1, 2, Haltestelle Schwedenplatz

Stallgeruch inbegriffen

35 Fiakerfahrt durch die Wiener Innenstadt

Die Erkundung der Wiener Innenstadt mit einem Fiaker findet großen Anklang, entspricht es doch der romantischen Vorstellung vieler Wien-Besucher, mit zwei Pferdestärken durch versteckte Gässchen kutschiert zu werden.

Die modische Erfindung der Lohnkutsche wurde im ausgehenden 17. Jahrhundert aus Paris importiert und von den Wienern mit Begeisterung aufgenommen. Man konnte sich schneller von A nach B begeben, kein Vergleich mit den Sesselträgern, die zuvor den Taxidienst versahen. Den Aufpreis zahlten die Fahrgäste gerne, war doch die Kutsche wesentlich bequemer und bot gleich mehreren Personen Platz. Der Begriff Fiaker kommt aus dem Französischen und bezieht sich auf den Pariser Standplatz in der Rue Saint Fiacre. Gegen Ende des 19. Jahrhunderts gab es in Wien mehr als 1000 Fiaker. Die Kutscher waren oft stadtbekannte Originale, die vor allem wegen ihrer Diskretion geschätzt und entsprechend entlohnt wurden. Wurde der Kutscher mit dem Fahrtziel „a Porzellanfuhr bitte, aber pomale, pomale" betraut, so wusste er, dass es um den Weg und nicht um das Ziel ging, denn der Fahrgast wollte sich mit seiner Liebschaft im verdeckten Fiaker vergnügen. Pomale stammt aus dem Tschechischen und bedeutet nichts anderes als „langsam", denn das Paar wollte ja nicht durchgeschüttelt werden.

Die zentral gelegenen Standplätze sind gut erreichbar, es werden verschiedene Rundfahrten angeboten, man kann aber auch individuelle Routen buchen. Das einst einfache Transportmittel ist heute eine beliebte Attraktion und eine der entspanntesten Arten, Wiens Sehenswürdigkeiten kennenzulernen. Am schönsten ist eine Fahrt durch den historischen Kern des 1. Bezirks. Da rumpelt und wackelt es, wenn man über das alte Kopfsteinpflaster fährt, das kann aber dem nostalgischen und romantischen Charakter der Kutschfahrt keinen Abbruch tun.

Fest steht, dass die Fiaker aus dem Stadtbild nicht wegzudenken sind, sie sind ein Wiener Wahrzeichen mit Charme.

- Fiakerstandplätze: Stephansplatz, Petersplatz, Michaelerplatz, Burgtheater, Heldenplatz, Albertinaplatz, 1010 Wien

Wiener Feige pflückfrisch

36

Der Bio Feigenhof am Himmelreich

Mitten im Intensivgemüseanbaugebiet in Simmering wartet eine besondere Überraschung auf Glücksuchende: Eine der schönsten Gärtnereien Wiens hat sich neben verschiedenen Gemüseraritäten auf die Kultur von Feigenbäumen spezialisiert, was in diesen Breitengraden sehr ungewöhnlich ist. Der Anblick und die Duftkulisse des Gartens vermitteln ein mediterranes Lebensgefühl, fast kommt Urlaubsstimmung auf! Eine außerordentliche Vielfalt an Feigen, Kräutern und verschiedensten Gemüsesorten steht für Gourmets bereit, die auf der Suche nach seltenen, aber auch gängigen Lebensmitteln sind.
Die Idee, in Simmering Feigen anzubauen, wurde von Ursula Kujal und Harald Thiesz 2006 in die Tat umgesetzt. Die beiden Gartenbau-Spezialisten verbindet viel mehr als nur fundiertes Fachwissen: Es ist auch die Liebe für gutes und hochwertiges Essen, die einzigartige Kreationen bei der Verarbeitung der geernteten Produkte hervorbringt.

TIPP
Auf Anfrage kann eine Führung gebucht werden.

So findet man hier höchst ausgefallene Geschmackskompositionen, die erst in das Sortiment aufgenommen werden, nachdem sie vom Freundeskreis im Rahmen regelmäßiger Verkostungen für würdig befunden wurden.
Zuallererst musste aber Pionierarbeit geleistet werden, um herauszufinden, welche der ursprünglich 150 angebauten Bäume sich am besten an die Lage und das Klima anpassen. An die 50 verschiedenen Feigensorten erwiesen sich als besonders geeignet und sorgen bei liebevoller Pflege im Glashaus und im Freiland für zwei ertragreiche Ernten jährlich. Die süßen Früchte werden vollreif vom Baum genommen und können sofort verspeist werden. Aufgrund ihres außergewöhnlichen Geschmacks erhielten die hier produzierten Feigen das Prädikat „Wiener Feige“ als neue Wiener Marke.
Jeden Freitag und Samstag werden sowohl die frisch geernteten als auch die verarbeiteten Produkte ab Hof verkauft. Auch der Schau- und Kräutergarten mit seinem Kraftplatz ist für Gäste geöffnet, gemütliche Gartenstühle laden zum Entspannen und Krafttanken ein.

- Bio Feigenhof, Am Himmelreich 325, 1110 Wien, Tel. +43 (6 64) 4 22 44 80
www.feigenhof.at
- ÖPNV: U-Bahn U3, Haltestelle Simmering, dann Bus 73A, Haltestelle Hörtengasse

Ananas-
paradeiser
FRISCHE QUALITÄT

Fünf vor zwölf

37 Das Concordia Schlössl

Die überlebensgroße marmorne Jesusstatue im Vorgarten zieht die Besucher magisch an, und wer dieser stillen Einladung folgt, wird bestimmt nicht enttäuscht sein. Ursprünglich wurde das romantische Schlössl 1881 von einem k. u. k. Hofsteinmetzunternehmen als Präsentationsraum genutzt. Doch die Glanzzeiten sind längst vorüber, und im Laufe der Zeit legte sich eine Patina über das lange leer stehende Gebäude. Erst 1988 wurde es renoviert und in einen Gastronomiebetrieb verwandelt, wobei großer Wert auf die Erhaltung des historischen Charakters und des eigentümlichen Stils gelegt wurde. Das Ergebnis lässt sich sehen, denn das architektonische Ensemble mit der blauweißen Glaskuppel und der Jugendstil-Einrichtung macht den unvergleichlichen Charme der Location aus. Der großzügige Gastgarten mit Schatten spendenden Laubbäumen bietet eine einzigartige, etwas skurril anmutende Atmosphäre: Strandkörbe laden zum gemeinsamen Genießen und Kuscheln ein, während unter einem abgetakelten Kristalllüsterchen zwei rostige Bettgestelle und ein ramponiertes Klavier zwischen ausrangierten Grabsteinen dem Zahn der Zeit trotzen.

Abgesehen von seinem Beinamen „Kleine Oper Wien“, den das Schlössl diversen Salon- und Arienabenden verdankt, ist es für seine kreativen Schnitzelvariationen bekannt, die ausnahmslos auf einem Silbertablett serviert werden.

Hier hat man das Gefühl, dass die Zeit stillsteht, und das tut sie gewissermaßen auch, denn über dem Eingang befindet sich eine Uhr, die seit Jahr und Tag fünf vor zwölf anzeigt.

Ganz besonders eignet sich dieser Ort als Treffpunkt für Verliebte, die ihr Schnitzel bei Kerzenschein und angenehmer Musik genießen. Im Garten kann auch gepicknickt werden, es gibt eigene Picknick-Körbe, die neben allerlei Köstlichkeiten auch eine Flasche hochwertigen Wein bereithalten. So manches Paar hat in diesem wildromantischen Ambiente den Bund der Ehe geschlossen, da man im Concordia Schlössl sogar standesamtlich heiraten und das Glück des Lebens besiegeln kann.

- Concordia Schlössl, Simmeringer Hauptstraße 283, 1110 Wien, Tel. +43 (1) 7 69 88 88, www.concordia-schloessl.at
- ÖPNV: Straßenbahn 11, 71, Haltestelle Zentralfriedhof 1. Tor

Altes Schloss wachgeküsst

38

Das Schloss Neugebäude

Als Kaiser Maximilian II. 1569 den Bau von Schloss Neugebäude nach eigenen Entwürfen in Auftrag gab, erfüllte er sich einen Herzenswunsch. Geplant war ein Lustschloss der Superlative inmitten von weitläufigen Gärten, wo seltene Pflanzen, wie zum Beispiel aus Persien stammender Flieder, Rosskastanienbäume und insbesondere die ersten in Europa gepflanzten Tulpen wachsen sollten. Maximilian II. ließ auch eine Menagerie einrichten, wo nicht nur der erste Wiener Elefant, sondern auch Löwen ihr Zuhause hatten, woran heute noch der Löwenhof erinnert.

Das Schloss war nicht als Wohngebäude vorgesehen, sondern für Jagdausflüge und festliche Empfänge gedacht. Doch der Kaiser starb, bevor er sein Lebenswerk vollenden konnte. Sein Sohn, Kaiser Rudolf II., hatte zwar kein Interesse an diesem Anwesen, ließ es aber dennoch im Angedenken an seinen Vater fertigstellen.

In den folgenden Jahrhunderten war das Schloss dem Verfall und der Zerstörung preisgegeben: So ließ Maria Theresia für den Bau der Gloriette in Schönbrunn Säulen aus dem Neugebäude abtragen. 1975 wurde das Schloss unter Denkmalschutz gestellt, dennoch blieb es bis zum Beginn des neuen Jahrtausends in seinem Dornröschenschlaf versunken. Seitdem werden die alten Gemäuer nach und nach renoviert, und die Hauptgebäude, darunter die „schönen Säle", für Veranstaltungen genutzt. Das Publikumsinteresse ist groß, denn dieser Glücksort lässt den Alltag schnell für ein paar Stunden vergessen. Das fällt besonders beim Besuch des Mittelalterfestes nicht schwer, das die Besucher ein halbes Jahrtausend in die Vergangenheit katapultiert: Die kulinarischen Genüsse wie Stockbrot und Spanferkel werden in Begleitung von Musikdarbietungen, Gauklern und Akrobaten verzehrt. Dazwischen bieten Schausteller das mittelalterliche Leben so anschaulich dar, dass man meint, ein Ritterfräulein zu sein. Der Kaiser würde sich bestimmt darüber freuen, dass sein Schloss auch 500 Jahre später belebt und beliebt ist und viele Menschen glücklich macht.

TIPP

Die Krönung des Mittelalterfestes ist die beliebte Schaukampftruppe Clann Claíomh.

- Schloss Neugebäude, Otmar-Brix-Gasse 1, 1110 Wien, Tel. +43 (6 76) 5 50 55 55
www.schlossneugebaeude.at
- ÖPNV: U-Bahn U3, Haltestelle Simmering, dann Bus 73A, Haltestelle Schloss Neugebäude

Rock zwischen Backsteinen

39

Die Arena Wien

Die Umgebung der Arena ist nicht gerade postkartentauglich, doch drinnen ist das Rundherum mit einem Schlag vergessen, denn man betritt eine andere Welt, die jedermann sofort in ihren Bann zieht. Das Gelände am östlichen Rand des 3. Wiener Gemeindebezirks wurde früher als Auslandsschlachthof mit Quarantäneanlage genutzt. Ab 1970 fand in den einst tristen Gebäuden erstmals eine alternative Veranstaltungsschiene im Rahmen der Wiener Festwochen statt: Eine dem damaligen Zeitgeist entsprechende Szene-Location war geboren. Doch das Glück war nicht von langer Dauer, denn bereits ein Jahr später sollten die Backsteingebäude einem modernen Textilzentrum weichen. Dieses Vorhaben rief massive Proteste hervor, die ihren Höhepunkt in einer Besetzung des Arena-Geländes fanden und auch von Persönlichkeiten der Austropop-Szene mit Auftritten unterstützt wurden. Sogar Leonhard Cohen bezeichnete die Arena als „best place in Vienna". Tatsächlich sprachen sich große Teile der Wiener Bevölkerung für die Erhaltung der Arena als ständiges Kulturzentrum aus, die Gebäude des Auslandsschlachthofes galten als architektonisch wertvoll und denkmalschutzwürdig. Die Besetzer gaben nach drei Monaten auf, nachdem die Stadt Wien die Wasser- und Stromversorgung sowie die Telefonleitung gekappt hatte. Die umstrittenen Gebäude wurden abgerissen, als Ersatz wurde den „Arenauten" der Inlandsschlachthof St. Marx zur Verfügung gestellt.

TIPP

Am besten, man kommt mit dem Fahrrad, das empfiehlt auch die Arena.

Die heutige Arena ist Österreichs größtes alternatives Kultur- und Kommunikationszentrum und insbesondere für die regelmäßig stattfindenden Rockkonzerte weit über die Stadtgrenzen hinaus bekannt. Während der Sommermonate zeigt sich der mit Graffiti bemalte Veranstaltungsort von seiner besten Seite. Die 400 Quadratmeter große Wiesenfläche mit Blick auf die kathedralartige Open-Air-Bühne eignet sich bestens, um Konzerten und Sommerkino-Vorführungen beizuwohnen, zumal man sich dank der umliegenden Ziegelmauern dort richtig geborgen und glücklich fühlt.

- Arena, Baumgasse 80, 1030 Wien, Tel. +43 (1) 7 98 85 95
  www.arena.wien
- ÖPNV: U-Bahn U3, Haltestelle Erdberg

In die Irre geführt

40 Der Irrgarten in Schönbrunn

Schloss Schönbrunn mit seinem weitläufigen Park ist eine der Hauptsehenswürdigkeiten der Stadt. Eine der hier gebotenen Attraktionen ist der Irrgarten, für den man Zeit und Geduld mitbringen sollte, doch keine Angst, spätestens zur Sperrstunde wird man gerettet, sollte man den Ausgang nicht von alleine finden. Der Irrgarten, auch Hecken- oder Gartenlabyrinth genannt, ist eine Anlage mit überkopf hohen, blickdichten Hecken, durch die mehrere Wege zu zwei Kraft spenden-den Harmoniesteinen und einer Aussichtsplattform führen, von wo aus man die noch Herumirrenden anspornen kann.

Irrgärten waren in der Barockzeit hoch in Mode, sie dienten der Repräsentation und waren als Amüsement für die höfische Gesellschaft gedacht. Auch in Schönbrunn war bereits 1720 ein solcher Wandelgang angelegt worden, der zum „Lustwandeln" anregen sollte. Als Maria Theresia Schönbrunn zu ihrer offiziellen Sommerresidenz erkor, entdeckte ihr Ehemann, Kaiser Franz Stephan von Lothringen, die Vorzüge dieser in die Irre führenden Einrichtung und hatte hier so manches Stelldichein mit hübschen adeligen Damen. Der kaiserliche Vergeltungsschlag ließ nicht lange auf sich warten, denn die resolute Monarchin ließ kurzerhand einen Großteil des Irrgartens abtragen, um stattdessen einen Obstgarten anlegen zu lassen. Aufgrund des enormen Pflegeaufwands wurde der Schönbrunner Irrgarten 1892 endgültig aufgelöst, um ein Jahrhundert später nach altem Vorbild neu errichtet zu werden.

Im dazugehörigen „Labyrinth", durch das nur ein einziger Weg ins Zentrum führt, gilt es, höchst unterhaltsame Herausforderungen, wie einfache Hüpfaufgaben oder mathematische Rätsel mit unterschiedlichem Schwierigkeitsgrad, zu bewältigen. Sportfreaks kommen hier keineswegs zu kurz, sie können eine Kletterstange erklimmen und die Glocke an der Spitze läuten. Der Besuch des Irrgartens beschert den Besuchern jeden Alters einen entspannenden Glückstag mit Spiel und Spaß im Hier und Jetzt.

TIPP

Das Labyrinthikon lockt mit 4 Spielstationen zum Experimentieren und Herumtollen.

● Irrgarten Schönbrunn, Schönbrunner Schloßstraße 47, 1130 Wien
www.schoenbrunn.at
● ÖPNV: U-Bahn U4, Haltestelle Schönbrunn

41

Der Lainzer Tiergarten und die Hermesvilla

Kaiser Franz Joseph wollte seine geliebte, jedoch reiselustige Ehefrau Sisi um jeden Preis für längere Zeit in Wien halten und beauftragte den Architekten Carl von Hasenauer, eine stattliche Villa inmitten eines seit 1561 bestehenden kaiserlichen Jagdreviers zu errichten, die nach der Hermesstatue vor dem Refugium benannt wurde. Die menschenscheue Kaiserin bezeichnete dieses großzügige Geschenk ihres Mannes als „Schloss der Träume", war das Anwesen doch sehr abgeschieden gelegen, von einer 22 Kilometer langen Mauer umgeben und zudem ganz nach ihrem Geschmack eingerichtet.

1919 wurde das 2450 Hektar große Areal erstmals der Öffentlichkeit zugänglich gemacht, zum populären Wander- und Ausflugsziel entwickelte es sich aber erst nach 1955. Heute ist der Lainzer Tiergarten einer der ältesten Tierparks Europas. Das Wegegebot ist in diesem einzigartigen Naturschutzgebiet unbedingt einzuhalten, denn es ist nicht ungewöhnlich, Rehe, Hirsche, Mufflons oder sogar Wildschweine anzutreffen, die hier in großer Zahl frei leben.

Ein Juwel der besonderen Art stellt das Naturwaldreservat Johannser Kogel dar, das 1972 vom restlichen Park abgetrennt wurde, um es für Forschungszwecke einer natürlichen Entwicklung zu überlassen. Im Rahmen von Führungen, die mitunter sogar nachts stattfinden, können 400 Jahre alte Eichen mit einem Stammumfang von mehr als 4 Metern bestaunt werden, die hier einen idealen Lebensraum gefunden haben. Eine Wanderung durch diesen überaus lebendigen Urwald ist nicht nur für das Auge ein wahres Erlebnis – überall raschelt, knistert und zwitschert es, das dichte Unterholz verströmt einen betörenden Duft, mit weichem Moos bewachsene Bäume und Steine runden das Bild harmonisch ab.

Auch die Hermesvilla ist zum Publikumsmagneten geworden, denn die einfühlsam renovierten Wohnräume ermöglichen dem Besucher, einen Einblick in die Privatsphäre des Kaiserpaares zu bekommen. Dieser Glücksort bietet eine optimale Verbindung von Natur, Kunst und Kultur.

TIPP

Am Planetenweg entlang der Mauer wird unser Sonnensystem maßstabgetreu dargestellt.

- Lainzer Tiergarten, 1130 Wien, Tel. +43 (1) 4 00 04 92 00
  www.lainzer-tiergarten.at
- ÖPNV: U-Bahn U4, Haltestelle Hietzing, dann Bus 56B, Haltestelle Lainzer Tor

Kleine Häuser ganz groß

42

Die Wiener Werkbundsiedlung

Ein Ausflug in die Werkbundsiedlung ist für Architekturliebhaber ein absolutes Muss. Der Weg dorthin ist bereits Teil des Ziels, denn je weiter man in den 13. Bezirk vordringt, umso verzauberter ist man ob der Fülle hochherrschaftlicher Villen, die von Gärten mit Altbaumbestand umrahmt sind. Einen krassen Gegensatz bildet die in den Dreißigerjahren am westlichen Stadtrand errichtete Werkbundsiedlung, denn hier wurde gemäß dem Grundsatz „Wirtschaftlichkeit auf engstem Raum" gebaut. Die Anlage entstand in den Jahren 1930–1932 unter der künstlerischen Leitung des Architekten Josef Frank, eines Fürsprechers der Gartenstadtbewegung. Er hatte namhafte Architekten und Innenarchitekten eingeladen, ihre Vision des „neuen Wohnens" zu entwerfen und konkret umzusetzen.

Im Rahmen der „Internationalen Ausstellung Werkbundsiedlung" – der größten Bauausstellung Europas – konnte die Musterhaussiedlung nach Fertigstellung von 100.000 Besuchern bestaunt werden. Die einzelnen Häuser sind sehr klein – die kleinste verbaute Grundfläche beträgt nur 36 Quadratmeter – aber erstaunlich geräumig. Damit wurde der Herausforderung, auf minimaler Fläche maximale Wohnqualität zu erzielen, bestens entsprochen. Obgleich das mediale Echo durchaus positiv ausfiel, wurden von den 70 Häusern nur 14 verkauft. Die anderen gelangten in den Besitz der Stadt Wien und werden bis heute vermietet. Beim Schlendern durch die Siedlung können die liebevoll gepflegten Häuschen mit ihren Gärten, die ursprünglich für den Anbau von Gemüse und Obst gedacht waren, zumindest von außen bewundert werden. Erfreulich ist, dass bei den Sanierungsarbeiten darauf geachtet wurde, den Originalzustand mit den gleichen Werkstoffen und Handwerkstechniken wiederherzustellen, nachträgliche Veränderungen wie Überputzungen und Verkleidungen wurden entfernt.

Es ist erstaunlich, wie einfühlsam hier dem Grundbedürfnis „Wohnen" Rechnung getragen wurde, und die Vorstellung, dass man auf kleinstem Raum so schön wohnen kann, macht auch den Außenstehenden glücklich.

- Werkbundsiedlung, Jagdschloßgasse, Veitingergasse, Jagicgasse, 1130 Wien
  www.werkbundsiedlung-wien.at
- ÖPNV: U-Bahn U4, Haltestelle Ober St. Veit, dann Bus 54A, 54B, Haltestelle Gobergasse

Jugendstilperle im Grünen

43 Die Steinhofgründe und die Kirche am Steinhof

Der Wienerwald gilt als grüne Lunge Wiens und bietet den Wienern zahlreiche Naherholungsgebiete, die Steinhofgründe rangieren eindeutig unter den schönsten. Das 42 Hektar große naturbelassene Gebiet war schon mehrmals Gegenstand von Verbauungsprojekten, die bislang erfolgreich verhindert werden konnten.

Die alte Ortsbezeichnung „Steinhof“ rührt von den ehemaligen Ottakringer Steinbrüchen her, den sogenannten Steinhöfen. Als die Nervenheilanstalt „Am Steinhof“ 1907 nach den Entwürfen von Otto Wagner fertiggestellt wurde, dienten die Steinhofgründe der landwirtschaftlichen Nutzung, es wurden auch Schweine und Kühe zur Versorgung der Patienten gehalten. Heute noch ist dort ein beachtlicher alter Obstbaumbestand vorhanden, und das Wiener Forstamt ließ kürzlich weitere 400 Obstbäume bewährter regionaler Sorten nachpflanzen, um den Charakter des Areals zu erhalten.

In diesem hinter einer Mauer verborgenen Paradiesgarten lässt es sich zwischen Wiesen, kleinen Tümpeln und Wäldchen nicht nur gut lustwandeln – es gibt auch genug Platz, um Drachen steigen zu lassen, und im Winter werden sogar Hügel und Wege für Rodelfans und Skilangläufer präpariert. Die Lagerwiesen eignen sich hervorragend für ein Picknick im Grünen, dank Höhenlage kann man hier speziell an heißen Sommertagen wieder aufatmen. Dazu gesellt sich ein wunderbarer Blick über einen großen Teil des Wienerwalds und auf die glänzende goldene Kuppel der Kirche am Steinhof. Und die sollte man auf jeden Fall gesehen haben: Das Architekturjuwel wurde, wie auch die Krankenanstalt, nach seinem Erbauer Otto Wagner benannt und ist eines der Glanzstücke des Wiener Jugendstils. Der erste Sakralbau der Moderne in Europa besticht nicht nur durch elegante Formen und helle Farben, besonders bemerkenswert ist die Tatsache, dass das Konzept bis ins kleinste Detail auf die Bedürfnisse der Patienten abgestimmt wurde. Die Wiener nennen diesen Ort Lemoniberg, da die auffällige Kirchenkuppel an eine Zitrone erinnert.

- Steinhofgründe, Baumgartner Höhe, 1140 Wien
- ÖPNV: Bus 48A, Haltestelle Otto-Wagner-Spital, oder U-Bahn U4, Haltestelle Unter St. Veit, dann Bus 47A, Haltestelle Otto-Wagner-Spital

DER ANSTALT
LEOPOLD STEINER
MITGLIED DES
AUSSCHUSSES

Bad mit Cabrioeffekt

44 Das Jörgerbad

Wer hat Lust auf ein optisch aufgewertetes Schwimmerlebnis? Dann ab ins Jörgerbad! Es ist das älteste noch in Betrieb stehende städtische Hallenbad, das 1914 als „Kaiser-Franz-Joseph-Bad" seine Pforten öffnete. Zu einer Zeit, als Badezimmer in vielen Wohnungen noch nicht zur Grundausstattung gehörten, diente es auch als öffentliche Nasszelle, wo sich die Menschen aus der Umgebung in den Brauseanlagen einmal pro Woche der Körperhygiene widmeten. Mit der Schaffung eines eigenen Kinderbeckens wurde auch den Bedürfnissen von Kindern Rechnung getragen: Erstmals durften Familien gemeinsam den Badespaß erleben, da die Geschlechtertrennung aufgehoben worden war. Schon beim Betreten der Anlage ist der Badegast von der atemberaubenden Schönheit des Eingangsbereichs überwältigt. Das Gebäude wurde im Jugendstil erbaut, und selbst der hinterste Winkel des Bades wurde geschmackvoll ausgestaltet. Die Schwimmhalle ist in den Farben Blau, Weiß und Orange gehalten und wirkt durch das Glasdach, das sich bei Schönwetter öffnen lässt, äußerst ansprechend. Wenn es draußen schneit, kommt im warmen Wasser ein Gefühl großer Behaglichkeit auf. Das Schwimmen im 25 Meter langen Becken ist mit einem wahren Augenschmaus verbunden, denn die stilvolle Renovierung dieses architektonischen Gesamtkunstwerks ist bestens gelungen.

In den Sommermonaten hält das Hallenbad für Sonnenhungrige auch einen Außenbereich mit Freiluftbecken bereit. Besonderen Badespaß mit Nervenkitzel bietet die 88 Meter lange Wasserrutsche, in der es stellenweise stockdunkel ist und die auch kurz ins Freie führt.

Der gut ausgestattete Wellnessbereich mit Dampfbad und finnischer Sauna, Massage und Solarium rundet den Wohlfühlbesuch perfekt ab. Samstagnachmittags kann das Badekostüm getrost zu Hause bleiben, weil dieses Zeitfenster FKK-Anhängern gewidmet wird, und ab Herbst stehen jeden Mittwoch ab 14 Uhr die sogenannten Warmbadetage im Programm, damit besonders Kälteempfindliche bei 31 Grad Wassertemperatur eintauchen können.

- Jörgerbad, Jörgerstraße 42–44, 1170 Wien, Tel. +43 (1) 4 06 43 05
- ÖPNV: U-Bahn U6, Haltestelle Alser Straße, dann Straßenbahn 43, Haltestelle Palffygasse

100
JAHRE
JÖR
GER
BAD

Schwefelduft in der Luft

45 Kurpark, Therme und Konditorei Oberlaa

Die Terrassenlandschaft im Süden Wiens war bereits in der Römerzeit für ihre Lehmvorkommen bekannt. Während Maria Theresias Regierungszeit entstand dort die erste staatliche Ziegelei. 1820 erwarb Alois Miesbach den Betrieb, den sein Neffe Heinrich Drasche zur größten Ziegelfabrik mit einer Jahresproduktion von 130 Millionen Ziegeln ausbaute. Zu den prominentesten Gebäuden, die aus den sogenannten Wienerbergziegeln errichtet wurden, zählen die Ringstraßenbauten. Drasche galt als der reichste Mann Wiens; er spendete enorme Summen für humanitäre Stiftungen, gründete Sozialeinrichtungen und ließ für seine vorwiegend aus den Kronländern Böhmen und Mähren stammenden Arbeiter 10.000 Wohnhäuser errichten. In den Sechzigerjahren wurde die Fabrik wegen Unrentabilität des Lehmabbaus geschlossen, was eine tief greifende Umwidmung des riesigen Geländes ermöglichte.

Heute gibt es gleich mehrere Gründe, um nach Oberlaa zu fahren und dort sein Glück zu finden: Der öffentlich zugängliche Kurpark wurde 1974 anlässlich der „Wiener Internationalen Gartenschau" angelegt und lädt zu weitläufigen Spaziergängen durch unterschiedlich gestaltete Bereiche ein. Besonders beliebt bei Turteltäubchen ist der Liebesgarten mit seinen romantischen Bänken, Schaukeln und Lauben. Sämtliche Blumen, Stauden und Rosen blühen weiß und bieten eine vortreffliche Kulisse für Hochzeitsfotos. Der einem Bauernhof nachempfundene Streichelzoo zieht insbesondere Kinder magisch an – Alpakas, Brillenschafe und Zwergziegen sind recht zutraulich und freuen sich über Liebkosungen.

Gleich nebenan lockt die Therme Wien mit ihren Schwefelquellen zu einem entspannenden Wellness-Erlebnis, und Zuckergoscherln kehren anschließend gern in die Kurkonditorei Oberlaa ein, wo sie vor der Qual der verführerischen Auswahl an süßen Köstlichkeiten stehen.

Wer auch noch den Abend in der Gegend ausklingen lassen möchte, hat in den nahe gelegenen Heurigenlokalen Gelegenheit, auf einen wunderschönen, erlebnisreichen Tag das Glas zu erheben.

- Kurpark Oberlaa, Laaer-Berg-Straße, 1100 Wien
- ÖPNV: U-Bahn U1, Haltestelle Oberlaa

Multikulti-Lebensfreude

46 Das Yppenviertel und die Brunnenpassage

Erst kürzlich wurde ein abgewohntes, überaltertes, ja sogar verrufenes Stadtviertel in Ottakring zu neuem, pulsierendem Leben erweckt. Das Yppenviertel hat durch 25 neu gepflanzte Bäume sowie die Schaffung von Aufenthaltsbereichen mit Sitzbänken und Pflanztrögen sehr an Lebensqualität gewonnen. Es umfasst den längsten Straßenmarkt Wiens, vom Brunnenmarkt über den Yppenmarkt zum Yppenplatz. Namensgeber des Platzes war der österreichisch-niederländische Feldherr Simon Freiherr van Yppen, der 1762 den Schellhammerhof erwarb und als Wohnheim für Kriegsinvaliden stiftete. Ende des 19. Jahrhunderts musste das Anwesen einem Neubau weichen, das neu errichtete „Yppenheim" dient heute als Wohnhaus für Angehörige des österreichischen Bundesheeres.

Das bunte Ambiente am Brunnen- und am Yppenmarkt veranlasste so manchen Regisseur, diese Gegend als Kulisse zu nutzen. Filmklassiker wie „Kebap mit alles" und „Kebap extra scharf" wurden hier gedreht, in der ORF-Sendung „9 Plätze – 9 Schätze" wurde das Yppenviertel 2014 sogar zum Wiener Landessieger erkoren.

Neben dem vielfältigen Angebot auf den Märkten sind auch die zahlreichen Lokale, die sich hier angesiedelt haben, ein Magnet für Jung und Alt. Das multikulturelle Treiben wurde durch eine besondere Einrichtung bereichert: Das von der Caritas betriebene Kultur- und Veranstaltungszentrum „Brunnenpassage" ist in der ehemaligen Markthalle des Brunnenmarktes untergebracht und bietet ein reichhaltiges Kulturprogramm. Ziel ist, allen Bevölkerungsgruppen den Zugang zu zeitgenössischer Kunst zu erschließen, daher sind alle Veranstaltungen kostenlos. Aber das ist noch lange nicht alles: Jeder, der möchte, hat die Möglichkeit, aktiv mit professionellen Künstlern zu proben und letztendlich selbst auf der Bühne zu stehen. Viele Künstler schlugen im Yppenviertel ihr Quartier auf, und es herrscht eine kreativ-entspannte Atmosphäre, die für jeden, der herkommt, ansteckend wirkt und richtig glücksbringend ist.

- Brunnen- und Yppenmarkt, Brunnengasse, Yppenplatz, 1160 Wien
- ÖPNV: Straßenbahn 46, Haltestelle Brunnengasse; Straßenbahn 2, Haltestelle Neulerchenfelder Straße/Brunnengasse

16., Yppenplatz
ATTENSAM

Fast im Himmel

47 Der Lebensbaumkreis Am Himmel

Nomen est omen – die im ausgehenden 18. Jahrhundert am Pfaffenberg entstandene Gartenanlage hält, was der stimmige Name Am Himmel verspricht. Hier lässt es sich gut erholsame Stunden verbringen und Energie tanken, denn dieser Platz ist ein Kraftort. 1997 erwarb das Kuratorium Wald das Areal und belebte es mit einem einzigartigen Zusammenspiel aus Mensch, Natur und Kultur. Der Lebensbaumkreis, das Café-Restaurant Oktogon, die Sisi-Kapelle, ein Weingarten und ein Waldspielplatz bilden ein harmonisches Ensemble, das viele Besucher anregt, dort ihre Seele baumeln zu lassen.

Der Lebensbaumkreis symbolisiert mit 40 Bäumen den Verlauf eines ganzen Jahres. Die grünen Riesen sind in zwei konzentrischen Kreisen angeordnet und bilden das Herzstück der Anlage. Ähnlich den Sternzeichen sind sie einer bestimmten Geburtsdekade zugeschrieben, wodurch der persönliche Lebensbaum anhand des Geburtsdatums ganz leicht ermittelt werden kann. Neben jedem Baum steht eine Klangsäule, die mittels Bewegungsmelder zu sprechen beginnt. Der österreichische Schauspieler Klaus Maria Brandauer verlieh ihnen seine Stimme und erzählt alles Wissenswerte zum persönlichen Lebensbaum. Wenn an Wochenenden und Feiertagen klassische Musik ertönt, verwandelt sich der Lebensbaumkreis in eine einzigartige Klangarena in freier Natur.

Die mitten im Wald gelegene Sisi-Kapelle war anlässlich der Vermählung von Kaiser Franz Joseph und Elisabeth als erstes neugotisches Gebäude Wiens errichtet worden. Erst kürzlich wurde sie von Grund auf renoviert und erhielt ein transparentes Glasdach, wodurch man sich dem Himmel gleich ein Stück näher fühlt – der richtige Ort für eine himmlische Hochzeit!

Das lichtdurchflutete Café-Restaurant Oktogon bietet nicht nur einen fantastischen Panoramablick über die ganze Stadt. Nach dem Motto „Ein schöner Tag beginnt mit einem Frühstück Am Himmel" werden dort allerlei Köstlichkeiten serviert, zu denen ein Gläschen Himmelwein aus dem hauseigenen Weingarten passt.

- Am Himmel, Himmelstraße 125, 1190 Wien, Tel. +43 (1) 4 06 59 38
  www.himmel.at
- ÖPNV: U-Bahn U4, Haltestelle Heiligenstadt, dann Bus 39A, Haltestelle Bellevuestraße

Wandern wie im Bilderbuch

48 Vom Leopoldsberg nach Grinzing

Der Leopoldsberg markiert das nordöstliche Ende des Wienerwaldes sowie der Alpen insgesamt. Im 12. Jahrhundert wurde er vermutlich aufgrund des kahlen Felsabhangs zur Donau erstmals als „Chalwenberg" urkundlich erwähnt. Damals ließ der Babenberger Leopold III. eine landesfürstliche Burg errichten, von der heute nicht mehr viel übrig ist, da sie 1529 im Zuge der Ersten Türkenbelagerung gesprengt wurde, um den Eindringlingen jede Unterschlupfmöglichkeit zu verwehren. Nachdem die Türken 1683 dank Prinz Eugen und dem Polenkönig Jan Sobieski neuerlich in die Flucht geschlagen worden waren, ließ Kaiser Leopold I. die „Leopoldikapelle" errichten und den Berg in Leopoldsberg umbenennen.

Die Erkundung des geschichtsträchtigen Leopoldsbergs lässt sich hervorragend in eine Wanderung einbinden, die schnell Ferienstimmung aufkommen lässt. Spätestens nach Erklimmen des „Nasenweg" genannten Steilhanges hat der Spaziergänger vergessen, dass er sich nach wie vor auf Stadtgebiet befindet. Der Nasenweg beginnt im idyllisch am Donauufer gelegenen Kahlenbergerdorf und führt an mehreren Aussichtsplattformen mit abwechslungsreichen Perspektiven vorbei. Der Aufstieg lohnt sich, denn der Leopoldsberg wartet mit einem grandiosen Blick über ganz Wien, Klosterneuburg und das Donautal auf. Der Zugang zur mittelalterlichen Burgruine erfolgt durch einen steinernen Torbogen. Nach Besichtigung der Burgareals und der Leopoldikapelle ist es eine Wohltat, sich im hübschen Garten auszuruhen, bevor es weiter in Richtung des benachbarten Kahlenberges geht.

Auf dem zweiten „Hausberg Wiens" stehen sportliche Attraktionen bereit. In der Erlebniswelt Kahlenberg warten der Waldseilpark und der Bogensportpark mit verschiedenen Parcours auf, wo die Besucher ihre Geschicklichkeit und Konzentration testen können.

Bei der angrenzenden Elisabethwiese laufen mehrere markierte Wanderwege zusammen, einer davon führt nach Grinzing, wo man sich nach einem aufregenden Tag redlich eine Erfrischung in einem der Heurigen verdient hat!

- Leopoldsberg, 1190 Wien
- ÖPNV: U-Bahn U4, Haltestelle Heiligenstadt, dann Bus 400, Haltestelle Kahlenbergerdorf

Zartes Glück

49 Die Porzellanmanufaktur im Augarten

Der Augarten blickt auf eine lange und bewegte Geschichte zurück. 1614 beschloss Kaiser Matthias, ein Jagdschloss in der damals noch unberührten Auenlandschaft zu errichten, das während der Türkenbelagerung 1683 verwüstet wurde. Erst 100 Jahre später wurde das Gelände zu neuem Leben erweckt. Kaiser Joseph II. ließ 400 Linden pflanzen, 200 Parkbänke aufstellen, Hunderte Nachtigallen aussetzen und machte den Garten der Öffentlichkeit zugänglich, wovon eine Inschrift am Eingang des Augartens zeugt: „Allen Menschen gewidmeter Erlustigungs-Ort von ihrem Schätzer". Dieser Einladung kamen die Wiener gerne nach und stürmten die „Morgenkonzerte", die unter anderem von Wolfgang Amadeus Mozart und Ludwig van Beethoven im Saalgebäude – einem Überrest des alten Schlösschens – gegeben wurden. Dort siedelte sich 1923 die Wiener Porzellanmanufaktur Augarten an, wo bis zum heutigen Tag das berühmte „weiße Gold" produziert und damit die Tradition der ehemaligen kaiserlichen Manufaktur fortgesetzt wird. Heute wie damals wird jedes Stück von Hand gefertigt und bemalt. Die zarten und anmutigen Formen, die exquisite Ausarbeitung und die aus verschiedenen Epochen stammenden Motive entzücken Porzellanliebhaber. Seit Maria Theresias Regierungszeit trägt jedes Stück den kobaltblauen Bindenschild als fälschungssichere Marke. Bei einer Führung durch die Manufaktur werden die verschiedenen Etappen der Porzellanproduktion anschaulich erklärt, dabei fällt dem Besucher die äußerst ruhige und harmonische Atmosphäre auf, in der hier gearbeitet wird.
Auch das in einem Seitenflügel der Manufaktur untergebrachte Porzellanmuseum ist einen Besuch wert: Hier wird die Geschichte des Wiener Porzellans anhand von über 150 historischen Exponaten aus den verschiedenen künstlerischen Phasen in einem wunderschönen Rahmen präsentiert. Im Sommer beglückt das Kino im Augarten seine Fans unter dem Sternenhimmel mit Perlen der klassischen Filmgeschichte und zeitgenössischen Werken.

- Wiener Porzellanmanufaktur Augarten, Obere Augartenstraße 1, 1020 Wien, Tel. +43 (1) 21 12 42 00 www.augarten.com
- ÖPNV: Straßenbahn 2, Haltestelle Taborstraße

Prost dem Heiligen Geist

50 Restaurant, Café, Bar Santo Spirito

In einem der hübschesten verwinkelten Gässchen der Wiener Innenstadt befindet sich das Santo Spirito. Die fast autofreie Kumpfgasse liegt dermaßen abseits und versteckt, dass sie auch von Fußgängern kaum frequentiert wird. Und wer nicht explizit auf das kleine Kellerlokal aufmerksam gemacht wird, läuft Gefahr, einfach daran vorbeizuspazieren, so unauffällig ist es.
Das Santo Spirito gibt es seit 1980 und war damals schon ein Geheimtipp für Liebhaber klassischer Musik. Auch die Gestaltung der Räumlichkeiten mit antiken Elementen und Kirchensymbolen, die dem Lokal bis heute ein reizvolles, eigenwilliges Flair verleihen, stammt noch aus seinen Anfängen. Besonders originell ist das „Stille Örtchen", in das man durch einen Beichtstuhl gelangt.
Passend zum Namen schwebt über der Bar eine goldfarbene Taube, die ihren Schatten geheimnisvoll auf die Decke wirft. Im Zuge der 2004 erfolgten Restaurierungsarbeiten der Gaststätte wurde eine neue Schutztaube vom Wiener Dompfarrer von St. Stephan, Toni Faber, höchstpersönlich in feuchtfröhlicher Runde eingeweiht. Das liebenswerte Szenelokal besitzt sogar eine eigene Hymne von Johann Sebastian Bach, dessen „Gloria" der H-Moll-Messe mit den lateinischen Worten „Cum sancto spiritu …" beginnt.
Seit der 1995 erfolgten Übernahme durch Christian Hamernik wurde die Musikauswahl um Barock-, Renaissance- und mittelalterliche Musik erweitert und begeistert alle Freunde der Klangwelten Alter Musik.
In der offenen und herzlichen Atmosphäre fühlt sich jeder sofort willkommen. Die Gäste, die an warmen Sommertagen lieber im gemütlichen, von großen Pflanzentrögen eingefassten Schanigarten Platz nehmen, müssen keineswegs auf die stimmige Musik verzichten. Die für Geist und Seele entspannenden Klänge sind auch dort laut genug zu hören. Zum Ohrenschmaus gesellt sich ein ansprechendes kulinarisches Angebot mit einer exquisiten Weinauswahl, sodass sich die Besucher auf einen langen, beglückenden Abend freuen können.

- Santo Spirito, Kumpfgasse 7, 1010 Wien, Tel. +43 (1) 512 99 98
- ÖPNV: U-Bahn U3, Straßenbahn 2, Haltestelle Stubentor

Wie im siebten Himmel

51

Die Aurora-Bar im Hotel Andaz

Auf dem Gelände des ehemaligen Südbahnhofs sind seit 2012 zwei neue Stadtviertel entstanden: das südlich gelegene, überwiegend dem Wohnbau gewidmete Sonnwendviertel und das Quartier Belvedere im Norden, das sich vom Schloss Belvedere bis zum Hauptbahnhof erstreckt. Mit seinen modernen Hochhäusern mit Glasfassaden steht es in massivem Kontrast zu den gegenüberliegenden Gründerzeitbauten und der barocken Sommerresidenz des Prinzen Eugen. Es wurde auf ein vielfältiges Nutzungskonzept geachtet, um das Viertel auch abends zu beleben und eine Geisterstadt nach Einbruch der Dunkelheit zu verhindern.

Ganz in diesem Sinne wurde 2019 gegenüber dem Schweizergarten das Hotel Andaz Vienna Am Belvedere eröffnet. Andaz bedeutet „persönlicher Stil" auf Hindi, und tatsächlich wird hier auf persönlichen und eher lockeren Service viel Wert gelegt. Jedes Andaz-Hotel soll ein authentisches Spiegelbild der lokalen Kultur sein und ist somit einzigartig. In dem Lifestyle-Hotel werden Kreativität und Innovation ganz großgeschrieben, das Andaz Vienna lässt für sein Restaurant und die Hotelbars sogar eine exklusive Biersorte von der Ottakringer Brauerei brauen.

TIPP

Besonders schön ist die Rooftop-Bar bei Sonnenuntergang.

Die Rooftop-Bar „Aurora" bietet in der kalten Jahreszeit ein behagliches Ambiente mit offener Feuerstelle, während an lauen Sommerabenden die großzügige Dachterrasse mit der bezaubernden Aussicht eine unvergessliche Auszeit verspricht. Die Bar verfügt über einen eigenen Eingang und Fahrstuhl, der die Gäste im Nu in den 16. Stock befördert. Das Design der Bar hat deutliche nordische Akzente, und so ist es auch nicht verwunderlich, dass die ausgefallenen Cocktail-Kreationen und Leckerbissen von den skandinavischen Ländern inspiriert sind. Der Holzlattenboden und die möwenhaften Beleuchtungskörper haben schon bei so manchen Besuchern den Eindruck eines Schiffsdecks erweckt.

Das Glück wird vollkommen, sobald man sich in einem Korbstuhl zurücklehnt, einen Drink, einen Snack und natürlich den fabelhaften Blick auf Wien genießt.

● Andaz Vienna Am Belvedere, Arsenalstraße 10, 1100 Wien, Tel. +43 (1) 2 05 77 44 12 34, www.hyatt.com

● ÖPNV: Schnellbahn, Straßenbahn D, O, 18, Haltestelle Quartier Belvedere

Zu Besuch beim Seebären

52

Das Museumsschiff und die Friedenspagode

Auf Höhe der Praterauen sind am rechten Donauufer gleich zwei sehr unterschiedliche Glücksorte in unmittelbarer Nähe angesiedelt. Im Bereich der Freudenau liegen mehrere alte Schiffe vor Anker, deren Herzstück die Frédéric Mistral ist: Der heute nicht mehr fahrtüchtige Dampfer war einst bei der k. u. k. Marine unter dem Namen Columbia auf der Donau im Einsatz. Nach dem Ersten Weltkrieg ging das Schiff als Reparationszahlung an Frankreich und wurde nach dem französischen Dichter und Nobelpreisträger Frédéric Mistral umbenannt.
Als begeisterter Sammler betagter Schiffe erwarb der ehemalige Hochsee-Kapitän Franz Scheriau die „Frédéric Mistral" Ende der Neunzigerjahre und brachte sie nach Wien. Heute dient sie als Wohnstätte und Museumsschiff, dessen interessante Geschichte den Besuchern mit viel Fachwissen vermittelt wird. Unter anderem wurde sie von Kaiser Franz Joseph für Inspektionsfahrten genutzt, was den außergewöhnlich großen Salon erklärt.
Der Seebär restauriert und pflegt seine Schiffe in Eigenregie, eines davon wurde liebevoll in ein Blumenschiff verwandelt. Manche Schiffsveteranen werden heute noch für Fahrten eingesetzt. Mit der Fähre Novara wird der letzte Fährbetrieb auf der Donau aufrechterhalten. Die Ana wurde 1894 gebaut und ist damit das älteste Schiff auf der Donau, mit ihr werden Nostalgiefahrten durchgeführt.
Nur ein paar Schritte flussabwärts zieht ein strahlend weißer Rundbau mit goldfarbener Spitze die Blicke magisch auf sich. Die Friedenspagode liegt inmitten einer gepflegten Wiese und Schatten spendender Bäume, die schon so manche zu einem Picknick mit entspanntem Blick auf die Donau angeregt hat. Das Denkmal für den Frieden ist ein Stupa, der 1983 von buddhistischen Mönchen und freiwilligen Helfern erschaffen wurde; im selben Jahr wurde der Buddhismus in Österreich als Religionsgemeinschaft staatlich anerkannt.
Von diesem Fleckchen nahe der Donau geht ein unsagbar tiefer und beglückender Frieden aus.

- Museumsschiff, Hafenzufahrtsstraße 17, 1020 Wien, Tel. +43 (6 64) 3 43 40 82
www.donaufaehre-wien.at
- ÖPNV: U-Bahn U2, Haltestelle Donaumarina, dann Bus 79A, Haltestelle Grünhaufenbrücke, Fußweg über die Brücke

FREDERIC MISTRAL
NSF

Ode an Griechenland

53 Der Olivenhain

Nicht weit von der Innenstadt ist ein ebenso sympathisches wie traditionsreiches Geschäftsviertel angesiedelt, das seinen Grätzelcharakter bewahren konnte. Die historischen Wurzeln dieses Stadtteils gehen auf das jüdische Ghetto zurück, das 1670 infolge der Ausweisung der Juden aus dem Stadtkern entstand. Es entwickelte sich ein reiches und sehr vielfältiges Geistes- und Kulturleben, das bis zum heutigen Tag durch den starken Bevölkerungszuwachs aus aller Herren Länder ständig neu belebt wird.

Der Olivenhain auf der Taborstraße fügt sich wunderbar in dieses Multikulti-Ambiente ein. Kaum tritt man über die Schwelle des Ladens, steht man auf ein paar schmackhaften Quadratmetern Griechenlands mitten in Wien! Egal wohin das Auge schweift, alles kommt aus dem Land der Götter, sogar für die akustische Untermalung ist gesorgt, denn aus dem Fernseher tönt griechisches Programm. Der Geschäftsführer Paris Priskomatis stammt aus einer griechischen Lebensmittelhändlerfamilie, und so ist es keineswegs verwunderlich, dass er auch in seiner neuen Heimat die Kunden mit qualitativ hochwertigen Genüssen verwöhnen möchte. Der Erfolg des Olivenhains beruht auf einfachen Grundsätzen: Es werden ausschließlich Produkte von höchster Qualität eingeführt, alle Erzeugnisse stammen von Herstellern, die Paris Priskomatis persönlich kennt, und werden ohne Zwischenhändler direkt importiert. Bei den meisten Produzenten handelt es sich um kleine Familienbetriebe mit traditionellen bzw. hauseigenen Rezepturen.

Hier findet man Schmankerln, von denen man gar nicht wusste, dass es sie gibt! Allein die Auswahl an eingelegten Oliven und nativen, kalt gepressten Olivenölen aus verschiedenen Regionen Griechenlands ist beachtlich. Die Feinkostabteilung hält neben klassischen Köstlichkeiten wie Tsatsiki und gefüllten Oliven auch seltene Käsespezialitäten und Dattelsalami bereit. Selbstverständlich gibt es auch den passenden Wein dazu, um in seinen eigenen vier Wänden griechische Glücksmomente zu feiern.

● Olivenhain, Taborstraße 8b, 1020 Wien, Tel. +43 (6 60) 6 73 01 09
www.olivenhain.at
● ÖPNV: Straßenbahn 2, Haltestelle Gredlerstraße

Koronida
Olivenhain
greek.deli.wien
Oliven
€ 39,90
€ 25,50
Frisches Gelee
21,50€

Schwereloses Glück

54 Der Windobona-Windkanal im Prater

Jeder von uns hat bestimmt schon mal davon geträumt, frei wie ein Vogel in der Luft zu schweben – bei Windobona Indoor Skydiving wird dieser Traum Wirklichkeit, denn hier wird die Gelegenheit geboten, in einer völlig wetterunabhängigen Umgebung der Erdanziehung zu trotzen.

Da noch kein Meister vom Himmel gefallen ist, werden die Flugkandidaten vorweg von einem der äußerst zuvorkommenden und kompetenten Coaches geschult. Im Trockentraining müssen die richtige Flugposition auf einem gepolsterten Tisch geübt und die Handzeichen gelernt werden, die es während des Fluges zu erkennen gilt: Je nach Signal müssen die Beine ausgestreckt oder angezogen werden, Daumen nach oben bedeutet, dass die Position korrekt ist.

Dann wird es ernst: Man schlüpft in den blauen Anzug, wird mit Flugbrille, Ohrenstöpsel und Helm ausgestattet, und ab geht es in die gläserne Schleuse zum Windkanal. Anfänger werden von einem Coach begleitet, der darauf achtet, dass sie bei vertikalen Windgeschwindigkeiten zwischen 150 und 280 Stundenkilometern nicht planlos durch die Luft gewirbelt werden. Es werden auch Kurse angeboten, um die verschiedenen Flugmanöver zu lernen. Mit einem Durchmesser von 4,3 Metern und einer Höhe von 15 Metern zählt der Windobona-Windkanal zu den größten und modernsten Flugkammern weltweit und kann bis zu acht Fluglustige gleichzeitig aufnehmen. Die reine Flugdauer beträgt zwei Mal eine Minute – das mag kurz erscheinen, reicht aber bereits für einen kleinen Muskelkater.

Das Glücksgefühl, das ein solcher Flug auslöst, ist einzigartig und kaum zu übertreffen. Fliegen im Windkanal ist völlig sicher, es besteht allerdings Suchtgefahr, denn fast jeder, der es einmal ausprobiert hat, möchte wiederkommen. Zur Erinnerung wird eine Urkunde überreicht, wer möchte, kann auch ein Beweisvideo von seinem Flug erwerben. Auf jeden Fall sorgt Windobona für ein unvergessliches Erlebnis, und jeder ist unheimlich stolz, es gewagt zu haben.

- Windobona, Prater 38 A, 1020 Wien, Tel. +43 (1) 7 20 02 12
www.windobona.at
- ÖPNV: U-Bahn U2, Haltestelle Messe-Prater

WINDOBONA
Notausgang

Kaiserliche Rumpelkammer

55 Das Hofmobiliendepot

Moden kommen und gehen, der Geschmack verändert sich ständig, was Menschen dazu veranlasst, nicht nur ihre Garderobe, sondern auch Einrichtungsgegenstände unentwegt gegen neue auszutauschen. Beiseitegelegtes landet oft in einer Abstellkammer, denn man weiß ja nie, vielleicht wird das eine oder andere eines Tages wieder modern! Dieses Phänomen macht auch vor Blaublütigen nicht halt, allerdings nimmt es bei ihnen ganz andere Ausmaße an. Dazu kommt die Tatsache, dass die Schlösser bis zum 19. Jahrhundert nur möbliert wurden, wenn die Herrschaften vor Ort waren, demzufolge reisten die Einrichtungsgegenstände für den kaiserlichen Haushalt von Schloss zu Schloss. Was vorübergehend nicht benötigt wurde, kam in das von Maria Theresia gegründete Hofmobiliendepot.

Mit 165.000 Objekten ist die einstige „Rumpelkammer der Monarchie" heute eines der bedeutendsten Möbelmuseen der Welt. Die Sammlungen spiegeln verschiedene Epochen wider, der Besuch wird zu einer Zeitreise bis ins 21. Jahrhundert.

Hier erfährt man, dass Maria Theresia eine besondere Vorliebe für fernöstliche Lackarbeiten hatte: *„Nichts auf der Welt, keine Diamanten bedeuten mir etwas, nur was aus Indien kommt …"*, so die Monarchin, die sonst sehr auf eine bescheidene Haushaltsführung bedacht war.

Die Biedermeierkojen mit vollständigen Zimmereinrichtungen vermitteln ein gutbürgerliches Lebensgefühl. Auch das Musikzimmer wartet mit einem Kuriosum auf: Als der Vizekönig von Ägypten der Wiener Menagerie 1828 eine Giraffe schenkte, brach das „Giraffenfieber" aus. Das Giraffenklavier ist ein aussagekräftiger Zeuge dieser Modeerscheinung.

Die oberste Etage des Museums hält eine Traumwelt mit Kultstatus bereit, die seit den Fünfzigerjahren ein Millionenpublikum begeistert: Die „Sissi im Film Tour" zeigt das im Film benutzte Originalmobiliar und führt den Besucher auf die Spuren der lieblichen Sisi, wie sie von Romy Schneider in der romantischen Filmtrilogie verkörpert wurde.

● Hofmobiliendepot, Andreasgasse 7, 1070 Wien, Tel. +43 (1) 5 24 33 57
www.moebelmuseumwien.at
● ÖPNV: U-Bahn U3, Haltestelle Zieglergasse

Beglückendes Bühnentrio

56 Das Wiener Metropol

Dem Stadtviertel Hernals haftet auch im 21. Jahrhundert ein gewisser Vorstadtcharme an, und das Gleiche gilt für das Veranstaltungshaus Metropol, das seit über 150 Jahren besteht und nach wie vor für beste Unterhaltung sorgt.
1828 erwarb der Würzburger Bäckermeister Quirin Maierhofer eine Bäckerei samt Presshaus und Weingärten, die dazugehörigen Stallungen ließ er noch vor 1860 zu einer Spielstätte umbauen. Herr Maierhofer hatte ganz offenbar ein gutes Gespür für den damaligen Zeitgeist. Er organisierte volkstümliche Veranstaltungen, die von Bällen über Spanferkelessen bis hin zu Ehrenringkämpfen reichten und von den Wienern regelrecht gestürmt wurden. Sein Schwiegersohn Georg Klein übernahm das erfolgreiche Etablissement und vergrößerte es im Laufe der Zeit. Nach und nach entstanden der Gartensalon, das Metropoldi und die Pawlatschenbühne – Hernals wurde zum Vergnügungsviertel Wiens. Die Räumlichkeiten wurden 1980 mit viel Gefühl für Nostalgie instand gesetzt, seitdem hat sich das Metropol zu einer geschätzten Kultstätte der Wiener Szene mit drei Bühnen entwickelt, wo neben Kabarett und Theater auch Konzerte und Musicals geboten werden.
Der große Saal mit den goldfarbenen Säulen und zwei Kronleuchtern ist ein Kunstwerk für sich. Auch das Bühnenkonzept sorgt für viel Aufsehen, denn die Bühne ist nach drei Seiten offen und gewährt dem Publikum ungewohnte Perspektiven. Besonders beliebt sind die Musicalproduktionen, wo mit herkömmlichen Schauspieltraditionen gründlich aufgeräumt wird: Die Zuschauer werden im Handumdrehen in das Geschehen mit einbezogen, weil der gesamte Saal bespielt wird.
Das wesentlich kleinere Metropoldi wirkt von außen wie ein einladendes Gartenhaus und bietet einen bezaubernden Rahmen für Kleinkunstveranstaltungen und private Feste.
Jeweils im Juni und Juli öffnet die Pawlatschenbühne ihre Pforten nach dem Motto „Kultur genießen wie im Biergarten" und lädt zu Aufführungen im Freien in gemütlicher Runde mit Heurigenflair.

- Metropol, Hernalser Hauptstraße 55, 1170 Wien, Tel. +43 (1) 40 77 74 07 www.wiener-metropol.at
- ÖPNV: U-Bahn U6, Haltestelle Alser Straße, dann Straßenbahn 43, Haltestelle Palffygasse

Metropol
AKG

Wanderbare Weinbergidylle

57 Der Bisamberg

Als Kaiserin Elisabeth mit dem Brautschiff nach Wien gebracht wurde, war sie vom Anblick der sanften Hügel des Bisambergs überwältigt und soll den Wunsch geäußert haben, ihn zu besteigen. Offenbar war es ihr gelungen, dieses Begehren in die Tat umzusetzen, denn nach ihrem Tod wurde 1899 eine Gedenksäule auf dem höchsten Punkt des Bisambergs errichtet. Der seit Jahrtausenden besiedelte Bisamberg ist die höchste Erhebung auf dem nördlich der Donau gelegenen Teil Wiens und zeichnet sich durch eine Trockenlandschaft mit einer äußerst vielfältigen Pflanzen- und Tierwelt aus. Die lößbedeckten Hänge werden seit Jahrhunderten für den Weinbau genutzt, was die Präsenz der unzähligen Heurigenlokale erklärt.

Größtenteils liegt der Bisamberg auf niederösterreichischem Boden, nur ein kleiner Teil gehört zum 21. Wiener Gemeindebezirk Floridsdorf. Das beliebte Ausflugsziel bietet mit seinen Eichenmischwäldern, Wiesen, Äckern und idyllischen Weingärten einen einzigartigen Ausblick auf die Donau. Es stehen viele abwechslungsreiche Bisamberg-Wanderungen mit verschiedenen Schwierigkeitsgraden zur Auswahl, und auf dem Rückweg ist es ganz selbstverständlich, in eine der zahlreichen Buschenschanken einzukehren. Das „Weinhandwerk" ist ein biologisch geführter Wein- und Kräutergarten mitten im Bisamberger Naturschutzgebiet. Bei Vera und Martin kann man sich ausgiebig laben, um danach glückselig in der Hängematte auszuspannen.

Nur ein paar Gehminuten weiter findet man auch im „Hexenhaus" sein Glück beim Genuss der hausgemachten Köstlichkeiten und des ausgezeichneten Weins aus eigenem Anbau. Der lauschige Garten überrascht mit einem atemberaubenden Blick über Wien. Bei Regenwetter lädt ein gemütliches Kellergewölbe zum Verweilen ein, das an kühleren Tagen von einem knisternden Holzofen gewärmt wird.

Für lange Abende am Bisamberg eignet sich das Hauptprostamt, das dem Gebäude des ehemaligen Stammersdorfer Postamtes ein zweites Leben schenkt.

● Bisamberg, 1210 Wien

● ÖPNV: Schnellbahn, U-Bahn U6, Haltestelle Floridsdorf, dann Straßenbahn 30, 31, Haltestelle Stammersdorf, dann Bus 228, Haltestelle Stammersdorfer Kellergasse

Technik für Neugierige

58 Das Technische Museum

Wenn von Technik die Rede ist, springt bei vielen Menschen der Glücksfunke nicht auf Anhieb über. Nach einem Besuch des Technischen Museums sind die Vorurteile weggefegt, denn dort wird Technik unter so vielen verschiedenen Aspekten dargestellt, dass für jeden ganz bestimmt etwas dabei ist. Den ersten Anstoß zur Schaffung eines Technischen Museums gab die Weltausstellung 1873, und 1909 war es endlich so weit. In Blickweite der kaiserlichen Sommerresidenz Schönbrunn legte Kaiser Franz Joseph den Grundstein des Technischen Museums, das 1918 eröffnet wurde. Der denkmalgeschützte Bau ist eines der ältesten Technikmuseen der Welt. Es wurde in den Neunzigerjahren den modernen Anforderungen gemäß saniert, umgebaut und vergrößert. Mit seinen hellen Ausstellungshallen bietet es ein freundliches und ansprechendes Ambiente.

Die Exponate der ersten Stunde setzten sich aus einer großen Anzahl bestehender Sammlungen aus den Anfängen der Technikgeschichte zusammen, die ältesten Bestände entstammen dem physikalischen Kabinett der Habsburger.

Besonders beeindruckend ist die Führung „unter Tag" durch das Schaubergwerk, das von Bergarbeitern der österreichischen Steinkohlereviere im Keller des Gebäudes detailgetreu nachgebaut wurde.

Die Hochspannungsvorführung bringt den Besuchern die Welt der Ladungen und Ströme näher. Hier werden Lampen ohne Stromkabel zum Leuchten gebracht und meterlange Blitze erzeugt, außerdem erfährt man, warum Kindern beim Rutschen oft die Haare zu Berge stehen und welche Rolle Elektrizität in Natur und Technik spielt.

Wer lieber wissen möchte, wie Hochwohlgeborene seinerzeit reisten, kann den Hofsalonwagen der Kaiserin Elisabeth bestaunen.

Die speziell für Kinder entwickelte Rätselrallye ist ein Ansporn, sich auf selbst gewählten Gebieten Wissen anzueignen. Die kniffligen Fragen werden individuell zusammengestellt und beflügeln den Ehrgeiz! Nach einem ebenso spannenden wie lehrreichen Glückstag kommt der Wunsch auf, beim nächsten Besuch neue Gebiete zu erforschen.

- Technisches Museum Wien, Mariahilfer Straße 212, 1140 Wien, Tel. +43 (1) 89 99 80, www.technischesmuseum.at
- ÖPNV: U-Bahn U3, Haltestelle Johnstraße oder U4, Haltestelle Schönbrunn

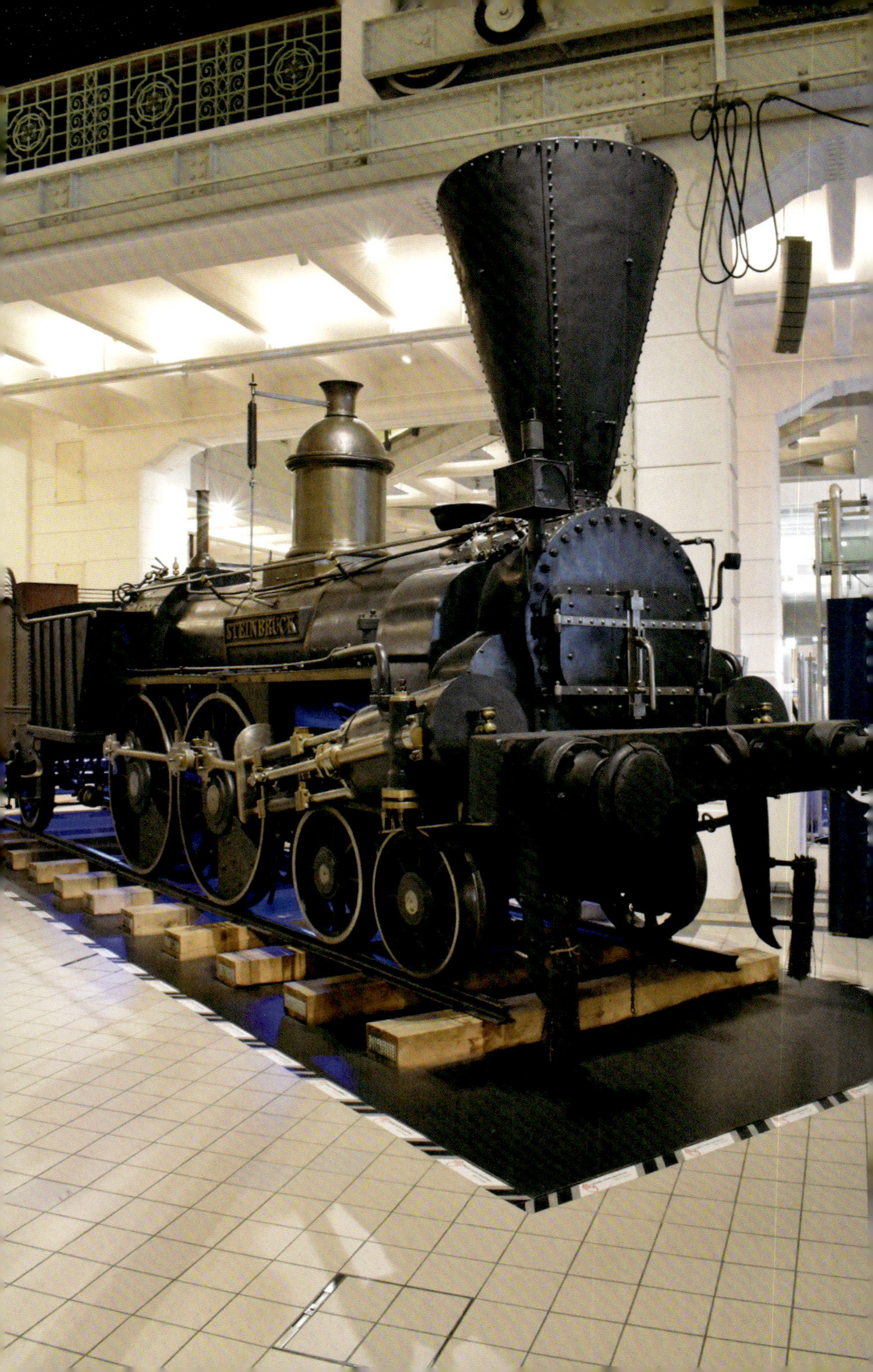
STEINBRÜCK

Riesenparty auf der Insel

59 Das Donauinselfest

Egal ob hochsommerliche Temperaturen oder sintflutartige Niederschläge – vom Donauinselfest lässt sich so schnell keiner vertreiben. Den Beweis lieferten 1993 beim legendären Falco-Konzert mehr als 150.000 Fans, die trotz eines starken Gewitters, das sogar die Bühne teilweise überschwemmte und schließlich zum Totalausfall des Equipments führte, ausharrten.

Die 21,1 Kilometer lange und bis zu 250 Meter breite Donauinsel war zwischen 1972 und 1987 durch Aufschüttung künstlich geschaffen worden, um vor Überschwemmungen zu schützen. Zur Begrünung der Insel wurden 1,8 Millionen Bäume und Sträucher gepflanzt.

Abgesehen von ihrer Funktion als Hochwasserschutz ist die Donauinsel ein Naturreservat mit einer bemerkenswerten Fauna und Flora. Seltene Vögel, Rehe, Hasen und Biber haben hier ihr Zuhause, und neuerdings wurden 50 Schafe als lebende Rasenmäher zur Beweidung angesiedelt.

Die Donauinsel ist darüber hinaus ein Naherholungsgebiet: Im Sommer locken kilometerlange Strände und kleine Buchten viele Badefreudige an. Es wurden Liegebereiche, Wassereinstiege, Grillplätze, Sport- und Spielplätze, ja sogar zwei FKK-Bereiche geschaffen.

Das Donauinselfest wurde 1984 ins Leben gerufen, und im Laufe der Jahre entwickelte es sich zum größten Open-Air-Event Europas mit über drei Millionen Besuchern.

Mehrere Bühnen sind über das Areal verteilt und werden parallel mit Konzerten aller Genres bespielt, sodass für jeden Geschmack etwas dabei ist: Musik zum Tanzen, Mitsingen und Glücklichsein. Rund 1500 heimische und internationale Künstler sorgen Jahr für Jahr für eine Bombenstimmung, sobald sich die Wiener Donauinsel Ende Juni drei Tage lang in ein Mega-Partygelände verwandelt.

Es steht auch eine Karaoke-Bühne zur Verfügung, wo Besucher ohne Ambitionen für eine Musikerkarriere ihr Bestes geben.

Wem der Rummel zu viel wird, kann sich sportlichen Aktivitäten zuwenden, und an heißen Tagen steht einem beglückenden Bad in der Neuen Donau nichts im Weg.

● Donauinselfest, Donauinsel, 1220 Wien
www.donauinselfest.at
● ÖPNV: U-Bahn U1, Haltestelle Donauinsel; U-Bahn U6, Haltestelle Neue Donau

Ausg'steckt is'

60 Der Heurige Hofer

Wien und der Wein gehören untrennbar zusammen, immerhin sind auf Wiener Stadtgebiet rund 700 Hektar dem Weinbau gewidmet. Seit 1784 gestattet eine Verordnung Kaiser Josephs II. jedem Weinhauer, den selbst erzeugten Wein auszuschenken. Frisch gekelterter Wein wird ebenso wie die Lokalität als Heuriger bezeichnet; Lostag für den neuen Wein ist der 11. November, an dem der vorjährige Wein zum alten wird.

Früher war es üblich, seinen mitgebrachten kalten Imbiss beim Heurigen zu verzehren. Seit dem „Buschenschankgesetz" von 1939 wurde Weinhauern erstmals erlaubt, ein Heurigenbuffet mit zugekauften Lebensmitteln einzurichten. Wein und Most müssen allerdings weiterhin aus eigener Produktion stammen.

Hat ein Buschenschank geöffnet, ist dies durch einen Reisigbuschen an einer Stange über dem Eingang und ein Schild mit der Aufschrift „Ausg'steckt is'" gekennzeichnet. Damit ist gewährleistet, dass hier ausschließlich Eigenbauweine kredenzt werden.

Um den Ausflug vor der Heimfahrt würdig abzuschließen, endet eine Wienerwald-Wanderung in der Regel bei einem Heurigen. Eine der besten Wiener Heurigenadressen ist in Mauer, denn der seit 1981 bestehende Familienbetrieb Hofer bürgt für allerbeste Weinqualität. Die vielfach prämierten Weine sind ein Gedicht und werden auch ab Hof verkauft, sodass man sich einen kleinen Vorrat mit nach Hause nehmen kann.

Das Heurigenbuffet hält allerlei kalte Köstlichkeiten wie Salate, Aufstriche, Wurst und Käse bereit, es werden aber auch warme Speisen wie Kümmelbraten, Kraut und Knödel angeboten.

Der gemütliche Gastgarten ist mit der typischen rustikalen Einrichtung mit Holztischen und Holzbänken ausgestattet, um nach dem zweiten Glaserl Wein näher zusammenrücken zu können. Spielt das Wetter nicht mit, ist es auch unter der überdachten Laube oder in der Stube behaglich. Wer Tradition, Gemütlichkeit und richtig guten Wein sucht, liegt hier auf jeden Fall richtig!

- Weingut Hofer, Maurer Lange Gasse 29, 1230 Wien, Tel. +43 (1) 8 88 73 80
  www.vino-hofer.at
- ÖPNV: Straßenbahn 60, Haltestelle Maurer Lange Gasse

Bauklötze staunen

61 Die Wotrubakirche beim Maurer Wald

Können 152 Betonblöcke, die willkürlich aufeinandergetürmt wirken, ein Glücksort sein? Die Antwortet lautet eindeutig Ja, denn hier handelt es sich um die Kirche „Zur Heiligsten Dreifaltigkeit“, auch Wotrubakirche, die niemanden gleichgültig lässt. Auf den ersten Blick vermittelt das Bauwerk einen chaotischen Eindruck, bei eingehenderer Betrachtung erweist sich das Ensemble aber als höchst harmonisch. Beim Betreten der Kirche fällt die helle, überaus freundliche Atmosphäre sofort auf: Durch die schmalen, unterschiedlich großen Fensteröffnungen dringen sich überschneidende Lichtbündel in den Innenraum ein, die der Kirche eine einzigartige Ausleuchtung verleihen. Die seltsame Gestaltung ist auf eine Zusammenarbeit von zwei außergewöhnlichen Menschen, dem Bildhauer Fritz Wotruba und Margarethe Ottillinger, zurückzuführen. Frau Ottilinger war 1948 von den Russen wegen Spionage festgenommen worden und hatte sieben Jahre in Straflagern verbracht. Als Dank für ihre wiedergewonnene Freiheit hatte sie den Wunsch, eine Kirche als Mahnmal bauen zu lassen, die durch ihr Äußeres „schockieren“ sollte. Der Bildhauer Fritz Wotruba war der perfekte Verbündete für die Umsetzung dieses Vorhabens. Wotruba wollte seinerseits „etwas gestalten, das zeigt, dass Armut nicht hässlich sein muss, dass Entsagen in einer Umgebung sein kann, die trotz größter Einfachheit schön ist und auch glücklich macht“.

TIPP

Am Pappelteich können während der Laichzeit Kröten in ihrem Liebestaumel beobachtet werden.

Das heftig diskutierte Würfelwerk, dessen Stil dem „Brutalismus“ (aus dem Französischen béton brut – unbehandelter Beton, eine Architekturrichtung, die Materialien nicht versteckt, sondern sein lässt, was sie sind) zuzuordnen ist, lockt Neugierige und Kunstinteressierte in diese entlegene Gegend am Rande des Maurer Waldes.

Heute hat sich das Bauwerk nicht nur als Kirche, sondern auch als Kulturstätte etabliert, wo regelmäßig Konzerte und Lesungen abgehalten werden. Im Mai findet in der Wotrubakirche ein Klavierfestival mit anschließender Vollmondführung durch den benachbarten Sterngarten statt.

- Wotrubakirche, Ottillingerplatz 1, 1230 Wien
  www.georgenberg.at
- ÖPNV: U-Bahn U4, Haltestelle Hietzing; Straßenbahn 60, Haltestelle Maurer Hauptplatz

Der auf dem
Botschaft
wird

Walzerkönig im Park

62

Der Stadtpark

Alle lieben den Stadtpark: Kinder drängen hin wegen des Spielplatzes, Berufstätige nutzen ihn gern zum Müßiggehen, und Verliebte schätzen die romantische Promenade am Wienfluss. Die historische Parkanlage hat viel zu bieten: Bei einem Rundgang auf den verschlungenen Pfaden begegnet man großen Persönlichkeiten, die im denkmalreichsten Park Wiens verewigt wurden. Besonderen Ruhm genießt das vergoldete Bronzestandbild von Johann Strauss Sohn, das mit Abstand das meistfotografierte Denkmal Wiens ist.

Nach dem Abriss der Stadtmauern im 19. Jahrhundert wurde beschlossen, auf dem ehemaligen Wasserglacis die erste für das „gemeine Volk" zugängliche städtische Parkanlage im Stil eines englischen Landschaftsgartens anzulegen. Der Stadtpark ist durch den Wienfluss in zwei Abschnitte unterteilt, einen besonderen Blickfang bildet das von Friedrich Ohmann und Josef Hackhofer gestaltete Jugendstil-Ensemble mit dem Flussportal, den beiden Pavillons und dem symmetrisch verlaufenden Stiegenabgang auf beiden Seiten des Wienflusses. Die zwei Architekten schufen auch die ehemalige Milchtrinkhalle, die heutige Meierei, wo täglich lukullische Frühstücke serviert werden.

TIPP

Anlässlich des Genuss-Festivals im Mai verwandelt sich der Stadtpark in ein Festgelände.

Malerische Wiesenflächen laden zu einem Picknick ein, der große Teich wird von vielen Entenfamilien belebt, und die zahlreichen Brunnenanlagen sorgen für Erfrischung an heißen Tagen. Fast ganzjährig stößt man auf blühende Gewächse, einige Pflanzen stehen sogar unter Naturschutz. Die Wege sind von zahlreichen Sitzgelegenheiten gesäumt, damit man die umgebende Augenweide auf sich einwirken lassen kann. Bereits in der Biedermeierzeit wurde im Kurpavillon am Wasserglacis Heilwasser ausgeschenkt; an dessen Stelle wurde später der Kursalon im Stil der italienischen Renaissance errichtet, der schon zur Zeit der Gebrüder Strauss als Konzert- und Tanzlokal diente. Heute noch kann man bei einem Konzert zu Walzermusik schwelgen, es werden auch Bälle und Clubbings veranstaltet, die einen glücklich durch den Abend schweben lassen.

- Stadtpark, 1010 Wien
- ÖPNV: U-Bahn U3, Haltestelle Stubentor; U-Bahn U4, Haltestelle Stadtpark

Prinzliche Sommerfrische

63

Das Belvedere

Es war bestimmt kein Zufall, dass Prinz Eugen von Savoyen gerade diesen Ort für seine Sommerresidenz wählte. Vom höchsten Punkt des Areals hat man einen grandiosen Blick über Wien, am Horizont erheben sich der Kahlen- und der Leopoldsberg, wo der Prinz 1683 als Zwanzigjähriger seinen ersten militärischen Erfolg gefeiert hatte. Dieser Sieg über die Türken war die Grundlage seines unermesslichen Reichtums, den er nachhaltig investierte. Er erwarb Weingärten, an deren Stelle der barocke Garten mit der für die Wasserspiele erforderlichen technischen Infrastruktur angelegt wurde. Die beiden Schlösser wurden vom Architekten Johann Lucas von Hildebrandt errichtet, wobei das Untere Belvedere Prinz Eugen als privates Wohnhaus diente und das Obere Belvedere zur Repräsentation bestimmt war.

Es gab sogar eine Menagerie, wo auch ein Löwe untergebracht war, den der Prinz vom französischen König geschenkt bekommen hatte. Zu diesem Tier hatte Eugen ein besonderes Naheverhältnis – das ging so weit, dass er den Löwen bei einem feudalen Diner bei Tisch erscheinen ließ, um sich hernach über die Furcht seiner Gäste königlich zu amüsieren.

Nach dem Tod des Prinzen erwarb Maria Theresia das Anwesen und gab ihm den klingenden italienischen Namen Belvedere, was „schöne Aussicht" bedeutet. Bis zum heutigen Tag hat sich am zauberhaften Panorama nicht viel geändert, das den Besucher bei jedem Wetter erfreut.

Ein verstecktes Schmuckstück ist der Kammergarten. Der kleine Privatbereich mit intimem Ambiente war ausschließlich dem einstigen Hausherrn und seinen engsten Begleitern vorbehalten. Erst vor wenigen Jahren wurde das verborgene Gartenstück zu neuem Leben erweckt und hält im Sommer eine besondere Überraschung bereit: An schönen Abenden verwandelt sich der Platz vor der Orangerie in eines der attraktivsten Freiluftkinos Wiens, wo die Zuschauer es sich in Liegestühlen bequem machen und eine interessante Auswahl an Filmen genießen können.

TIPP

Im Oberen Belvedere sind Gemälde von Gustav Klimt, Egon Schiele und Oskar Kokoschka ausgestellt.

● Schloss Belvedere, 1030 Wien, Tel. +43 (1) 7 95 57-0
www.belvedere.at

● ÖPNV: Straßenbahn 71, Haltestelle Unteres Belvedere

Mysteriöse Pflanzenwelt

64 Der Botanische Garten der Universität Wien

Pflanzenfreaks und Seelenbaumler finden ihr Glück im Botanischen Garten. Hier wartet eine abwechslungsreiche Pflanzenlandschaft auf den Besucher, denn die 11.500 verschiedenen Arten stammen aus sechs Kontinenten und benötigen dementsprechend unterschiedliche Lebensräume.
Die vegetale Miniaturweltreise führt unter anderem an pannonischen Trockenrasen, sumpfigen Böden, am kleinsten Weinberg Wiens, an einem Alpinum sowie einem riesigen Bambushain vorbei, der über einen Steg sogar von innen bewundert werden kann. Die empfindlichen exotischen Arten sind in Gewächshäusern untergebracht, wobei nur das Tropenhaus besichtigt werden kann.
Die Anlage wurde 1754 von Maria Theresia auf Anraten ihres Leibarztes Gérard van Swieten gegründet. Es handelte sich zunächst um einen „Hortus Medicus", also einen Medizinalpflanzengarten, der sich infolge der Schaffung neuer Lehrstühle, nämlich Botanik und Chemie, immer mehr zu einem wissenschaftlich ausgerichteten Standort entwickelte. Heute ist der Garten öffentlich zugänglich und dient gleich mehreren Zwecken, die von Forschung und Lehre über Arten- und Naturschutz, Ausbildung, Öffentlichkeitsarbeit bis zur Erholung reichen.
Der Botanische Garten ist nicht nur für seine zweibeinigen Besucher ein Glücksort: 131 verschiedene Wildbienenarten laben sich hier regelmäßig an dem vielfältigen Nektar, den der Botanische Garten zu bieten hat. Ein wahres Highlight für Pflanzenliebhaber ist die Raritätenbörse, die jeweils am dritten April-Wochenende abgehalten wird. Hier findet man, was man nie gesucht hat, da die dargebotenen Gewächse in herkömmlichen Blumengeschäften nicht angeboten werden. Auch Besucher ohne Kaufabsichten lassen sich diese besondere Augenweide mit Duftzusatz nicht entgehen.
Für besonders wissbegierige Besucher wurde die „Grüne Schule" ins Leben gerufen: Das Programm umfasst zahlreiche Themen, wobei die einzelnen Führungen auf die jeweiligen Zielgruppen zugeschnitten werden.

- Botanischer Garten, Mechelgasse 2, 1030 Wien, Tel. +43 (1) 4 27 75 41 00
- ÖPNV: Schnellbahn, Straßenbahn 71, O, Haltestelle Rennweg

Betörende Fliederpracht

65

Der Friedhof St. Marx

Noch ehe der Besucher den St. Marxer Friedhof betritt, weht ihm im Frühling ein geradezu berauschender Fliederduft entgegen. In ganz Wien gibt es keinen anderen Ort, wo so viel Flieder auf engstem Raum wächst. Zwischen den Fliederbüschen leuchten gelb blühende Sträucher durch, denn auch der Goldregen scheint sich hier ausgesprochen wohlzufühlen. Die Vegetation, die sich im Laufe der Jahrhunderte zwischen den Gräbern ausgebreitet hat, ist überwältigend und verdeutlicht, dass an diesem verwunschenen Ort seit nahezu 150 Jahren keine Tränen mehr geflossen sind.

1784 wurden im Zuge der von Kaiser Joseph II. erlassenen Seuchen- und Hygieneverordnung fünf sogenannte communale Friedhöfe außerhalb der Stadt angelegt. Einer davon war der St. Marxer Friedhof, benannt nach einer dem heiligen Markus geweihten Kapelle des ehemaligen Bürgerspitals. Nach der Gründung des Wiener Zentralfriedhofs im Jahre 1874 wurden die communalen Friedhöfe nicht mehr belegt und verwilderten mit der Zeit.

In den Zwanzigerjahren setzte sich der Heimatforscher Hans Pemmer für die Erhaltung des St. Marxer Friedhofs ein, wurde doch eine ganze Reihe berühmter Personen hier beigesetzt, allen voran Wolfgang Amadeus Mozart, der in einem Schachtgrab seine letzte Ruhestätte fand. Die Anlage wurde instand gesetzt, unter Denkmalschutz gestellt und 1937 als Park, Gedenkstätte und Kulturdenkmal der Öffentlichkeit zugänglich gemacht.

Bei einem Spaziergang durch den ehemaligen Gottesacker sollte man sein Augenmerk nicht nur auf die prominenten Personen beschränken. Die Inschriften auf den Grabsteinen sind oft sehr amüsant und geben Aufschluss über Titel und Berufe der Biedermeierzeit, die völlig in Vergessenheit geraten sind. So gab es zum Beispiel eine k. u. k. Mundwäscherin oder einen Logenmeister des k. u. k. Hofburgtheaters.

Dieser Glücksort strahlt Frieden und Ruhe aus, hier fällt es nicht schwer, die Vergänglichkeit des Lebens gelassen hinzunehmen.

- Sankt Marxer Friedhof, Leberstraße 6–8, 1030 Wien
- ÖPNV: Straßenbahn 71, Haltestelle St. Marx, dann Bus 74A, Haltestelle St. Marx/Leberstraße

Hier ruhet sanft
Herr
Anton Muhr
k.k. Beamter,
gest. den 17. August 1862
im 70. Lebensjahre
Gewidmet von seiner
tieftrauernden Gattin.

Farbenfroh beschwingt

66

Das Kunst Haus Wien – Museum Hundertwasser

Das Kunst Haus Wien ist mit seiner schwarz-weiß gewürfelten Fassade und den bunten Fensterrahmen schon von Weitem zu erkennen. Auf der Suche nach einer Heimat für sein künstlerisches Schaffen stieß der Maler Friedensreich Hundertwasser auf die ehemalige Bugholzmöbelfabrik der Gebrüder Thonet aus dem Jahr 1892. Die beiden Bauten wurden zusammengelegt und die Bausubstanz nach Entwürfen des Künstlers behutsam umgestaltet, sodass aus den kahlen Fabrikgebäuden ein aufsehenerregendes Bauwerk mit unregelmäßigen Formen entstand. Das mit Bäumen bepflanzte Dach, die „vertikale" Begrünung der Fassade und die asymmetrischen Elemente aus Glas, Metall, Ziegeln, Holz und vielfarbigen Keramikfliesen tragen die unverwechselbare Handschrift des Malers. Das erste „grüne" Museum Wiens wird zu Recht so genannt, denn die Bäume produzieren Sauerstoff, sind lärmdämmend, filtern Staub und bieten Vögeln und Schmetterlingen einen Lebensraum.

Gemäß dem Motto „Paradiese kann man nur selber machen" schuf Hundertwasser ein außergewöhnliches Museums- und Ausstellungshaus. Über eine uneben gewundene Treppe gelangt man zu den oberen Etagen, zwei davon sind dem Werk des Künstlers gewidmet. Sein malerisches Schaffen, Originalgrafiken, Tapisserien, Briefmarken, Architekturmodelle und Zeugnisse seines ökologischen Engagements können in dem behaglichen Ambiente mit Wohnzimmerflair bestaunt werden. Die beiden Obergeschosse werden für wechselnde Ausstellungen der Gegenwartskunst genutzt. Einen genussvollen Ausklang des Museumsbesuchs bietet das angrenzende Café im Kunst Haus Wien mit seinem verträumten Gastgarten, der mit einer üppigen Bepflanzung, der bunten Hausfassade und gemütlichen Sitzecken etwas Verspieltes hat. Drinnen ähnelt das Café Restaurant mit seiner pflanzenreichen Gestaltung einem Wintergarten. An den Tischen in unterschiedlichen Formen und Größen lässt es sich gut verweilen, besonders geborgen fühlt sich der Besucher, wenn der Regen auf das Glasdach prasselt.

TIPP

KunstHaus-Montag: An Montagen (außer Feiertagen) ist der Eintritt um 50 Prozent ermäßigt.

- Kunst Haus Wien, Untere Weißgerberstraße 13, 1030 Wien, Tel. +43 (1) 712 04 91 www.kunsthauswien.com
- ÖPNV: Straßenbahn O, 1, Haltestelle Radetzkyplatz

Schräg und erheiternd

67 Das L.E.O., Letztes Erfreuliches Operntheater

Im L.E.O. kann man sich auf einen höchst vergnüglichen musikalischen Abend mit erstklassiger Unterhaltung der etwas anderen Art freuen, denn hier herrscht, ganz anders als in der Wiener Staatsoper, eine entspannte Atmosphäre. In dem intimen Ambiente können sogar während der Vorstellung Getränke und Schmalzbrote verzehrt werden.
Geboten werden musikalischer Genuss und Spaß, das Publikum soll sich wie zu Hause fühlen, daher ist es auch nicht verpönt, während der Aufführung mitzusummen.
Orchester gibt es keines, das würde das Fassungsvermögen der kleinen Räumlichkeiten sprengen; stattdessen sorgt ein Pianist auf einem alten Flügel für die musikalische Begleitung der Akteure. Fast alle haben eine Doppelrolle, so auch der Australier Stephen Delaney, der gleichzeitig Conférencier und Klavierspieler in Personalunion ist und auf äußerst unterhaltsame Weise durch die Handlung führt. Komplizierte Nebenhandlungen werden oft auf das Wesentliche reduziert. Mangels eines eigenen Chors wird auch das Publikum in die Vorstellung miteinbezogen: Es wird kurzerhand vom Conférencier eingeschult, der gemeinschaftliche Spaß ist vorprogrammiert und für jeden beglückend.
Die mit nur 50 Plätzen kleinste Opernbühne Wiens wurde 1998 vom Tenor, Regisseur, Bühnen- und Kostümbildner Stefan Fleischhacker gegründet. Das Theater hat sich in einer ehemaligen Bäckerei mit alten Fresken aus der Jahrhundertwende einquartiert, die den Gemäuern einen besonderen Charme verleihen. Auf dem Spielplan stehen beliebte Opern in sehr eigentümlicher und humorvoller Interpretation, aber auch Kabarett- und Liederabende finden hier statt, jede Vorstellung ist ein Meisterstück auf höchstem Niveau. „Diese Institution ist für das Seelenleben der Stadt und ihrer Bewohner bereichernder als so manche teuer eingekaufte Festwochen-Hochglanzproduktion", kommentierte Der Standard die ungewöhnliche Bühne. Diese Meinung wird von den glücklichen L.E.O.-Besuchern ausnahmslos bestätigt!

● Theater L.E.O., Ungargasse 18, 1030 Wien, Tel. +43 (6 80) 3 35 47 32
www.theaterleo.at
● ÖPNV: Straßenbahn O, Haltestelle Sechskrügelgasse

NERO
IM SCHATTEN
DER VENUS

City-Strand mit Graffiti

68

Der Donaukanal

Laue Sommerabende verbringt man am liebsten im Freien, die zentrumsnahe Partymeile am Donaukanal ist dazu bestens geeignet. Wo jahrzehntelang gähnende Leere herrschte, ist in den vergangenen Jahren ein abwechslungsreicher Sommer-Hot-Spot mit Strandbars und Szenelokalen entstanden. Die wenig ansprechenden Betonmauern wurden durch Graffiti, darunter wahre Kunstwerke, aufgemöbelt, das macht die Kulisse bunt und originell. Da die Stadtverwaltung bestimmte Bereiche zum Besprühen freigegeben hat, sind die Verschönerungsaktionen noch dazu völlig legal. Der Donaukanal ist ein Seitenarm der Donau, der in Nussdorf vom Hauptstrom abzweigt und 17,3 Kilometer mitten durch Wien fließt, bis er am Praterspitz wieder in die Donau mündet. Um den gesamten Kanal mit seinen angrenzenden Sehenswürdigkeiten entspannt betrachten zu können, werden unterschiedliche Schiffrundfahrten angeboten, die an zwei von Otto Wagner entworfenen Jugendstilbauten vorbeiführen: dem blau-weißen Schützenhaus, das in ein Restaurant mit idyllischem Schanigarten am Wasser umgemodelt wurde, und der Nussdorfer Wehr- und Schleusenanlage.

Bei der Einmündung des Wienflusses in den Donaukanal entstand die Strandbar Herrmann, die ihren Namen dem Erfinder der Postkarte, Emanuel Herrmann, verdankt. Hier kommt gediegenes Strandgefühl auf: Ausgestreckt in einem der zahlreichen Liegestühle, die Füße im Sand vergraben und einen Drink genießen – das fühlt sich an wie Urlaub pur! Der Blick auf die Sternwarte Urania und die gegenüberliegende Glasfassade mit dem abwechslungsreichen Beleuchtungsprogramm runden das Wonnegefühl optisch ab. Stromaufwärts reiht sich auf beiden Seiten des Wassers ein Lokal an das andere. Das Badeschiff verfügt neben einer Bar auch über einen Outdoor-Pool, der ein ganz besonderes Schwimmvergnügen mitten in der Stadt verheißt.

Die britische Zeitung The Guardian stufte den Wiener Donaukanal als einen der zehn schönsten Stadtstrände Europas ein, und wer einmal da war, kann das nur bekräftigen.

- Donaukanal, 1010 Wien
- ÖPNV: U-Bahn U1, U4, Straßenbahn 1, 2, Haltestelle Schwedenplatz

Verwunschenes Biotop

69 Der Sternwartepark

Mitten im Währinger Cottageviertel befindet sich ein für die meisten Wiener unbekannter und geheimnisumwitterter Glücksort – ein Stück Wildnis mitten in der Stadt, das bis vor Kurzem Forschern und Studierenden des Instituts für Astrophysik der Universität Wien vorbehalten war. Seit 2013 ist der Sternwartepark öffentlich zugänglich, ein Rundweg wurde geschaffen, sodass es heute möglich ist, auf verschlungenen Pfaden durch das rund 6 Hektar große Areal zu spazieren.
Die Sternwarte wurde im späten 19. Jahrhundert auf der Türkenschanze errichtet, gleichzeitig wurde der umliegende Park angelegt.
Seitdem konnte sich das hinter 2 Meter hohen Ziegelmauern verborgene Refugium nach Lust und Laune zu einer perfekten Oase für Pflanzen und Tiere entwickeln. Hier wird alles der Natur überlassen: Fällt ein Baum um, so bleibt er auch liegen, weil das Totholz einen wertvollen Lebensraum mit Nisthöhlen für Vögel, Insekten und andere Tiere bietet, die in dem wild verwachsenen Wald leben. Riesige Fuchs- und Dachshöhlen zeugen von der Gegenwart dieser Tiere, auch wenn man sie kaum zu Gesicht bekommt. In diesem Urwald begegnet man über 100 Pflanzenarten, wovon einige in Wien einzigartig sind: Der Erbsenstrauch, der Scharlach-Weißdorn, der Montpellier-Ahorn und sogar Orchideen sind in dem einzigartigen Umfeld heimisch geworden. Hier treffen Ursprünglichkeit und hohe Wissenschaft aufeinander, denn in der Sternwarte wird nach wie vor astrophysikalische Forschung inmitten einer verzauberten Umgebung betrieben.
Eine Entdeckungsreise durch den magischen Ort sorgt für so manche Überraschung: Immer wieder stößt der Besucher auf längst verlassene Gebäude aus der Entstehungszeit der Sternwarte. Sie verfallen inmitten des Naturjuwels, werden aber nicht entfernt, da die gesamte Anlage unter Denkmalschutz steht. Der Anblick von der überhandnehmenden Natur erfüllt den Spaziergänger mit Ehrfurcht, vor allem im Frühling empfindet man im Sternwarteareal eine besondere Naturverbundenheit.

TIPP

In der ehemaligen Direktorswohnung befindet sich das Museum der Geschichte der Wiener Astronomie.

- Sternwartepark, Türkenschanzstraße 17, 1180 Wien
- ÖPNV: Straßenbahn 40, 41, Haltestelle Aumannplatz

Italienisches Gaumenglück

70 Die Casa Caria

Liebhaber der italienischen Küche haben in diesem äußerst appetitanregenden Spezialitätengeschäft ihr kleines kulinarisches Paradies gefunden.

Bei den wohlschmeckenden Lebensmitteln handelt es sich um authentische italienische Produkte, die auf direktem Wege von Italien nach Wien gebracht werden. Das Sortiment variiert je nach Jahreszeit und ist somit sehr abwechslungsreich. Neben unterschiedlichsten Olivenölen werden Naturweine, hausgemachte Antipasti, Sott'oli und Pesti sowie Salumi angeboten. Wer die handgefertigte Pasta einmal gekostet hat, kehrt industriell erzeugten Teigwaren unweigerlich den Rücken! Wenn die Zitrusfrüchte Saison haben, sind hier frische Bergamotten und Bitterorangen, aber auch Raritäten erhältlich: Die riesigen Zedratzitronen sind bereits optisch ein Hochgenuss.

Die Casa Caria ist aber viel mehr als nur ein Delikatessengeschäft: Sie versteht sich auch als Botschafterin italienischer Lebenskunst und bietet in Zusammenarbeit mit AromaTisch gesellige Koch- und Genuss-Abende an. Gemeinsam wird experimentiert und verkostet, wobei der persönlichen Fantasie und Kreativität keine Grenzen gesetzt sind. Erwähnenswert ist auch die Tatsache, dass die Geschäftsleitung großen Wert auf Ethik legt. Sie kennt die Herkunftssorte der Erzeugnisse und überzeugt sich persönlich von den fairen Produktionsbedingungen.

Gutes Olivenöl ist die Grundlage der kulinarischen Höhenflüge, daher werden auch regelmäßig Olivenölseminare abgehalten. Hier können sich Interessenten in kurzer Zeit ein Grundwissen über Geruch und Geschmack eines qualitativ hochwertigen Olivenöls aneignen.

In Caria, so heißt ein kleines Dörfchen in Kalabrien, haben sich die beiden Betreiber des Ladens, Brigitte Schmidhuber und Domenico Pugliese, kennengelernt. Die gemeinsame Liebe zu gutem Essen und das Bedürfnis, auch andere daran teilhaben zu lassen, führten zur Gründung der Casa Caria, wo die Geschmacksnerven ihrer Kunden dermaßen verwöhnt und beglückt werden, dass jeder gerne wiederkommt.

- Casa Caria, Schottenfeldgasse 48A, 1070 Wien, Tel. +43 (1) 5 22 43 30
www.casacaria.com
- ÖPNV: Straßenbahn 49, Haltestelle Westbahnstraße/Zieglergasse

POMODORINI ROT
CICORIA

Brötchen mit Pfiff

71

Der Trześniewski

Wenn sich bei einem gemütlichen Bummel durch die Wiener Innenstadt ein Hungergefühl einstellt, streben Eingeweihte zum Brötchen-Meister Trześniewski. Der aus Krakau stammende Koch Franciszek Trześniewski eröffnete 1902 am Tiefen Graben eine Imbissstube, die bald darauf in das heutige Stammhaus in der Dorotheergasse übersiedelte. Nach dem Untergang der Monarchie verkleinerte Trześniewski die Portionen, denn seine Brötchen sollten für jedermann erschwinglich bleiben. Die Brötchenschmiede hat sich zu einer Wiener Institution gemausert, mittlerweile sind diese außerordentlich köstlichen Häppchen in aller Munde. Am liebsten wird dazu ein Pfiff – das entspricht einem Achtelliter Bier – getrunken.

18 der 25 Aufstriche stehen seit den Anfängen unverändert im Programm. „Speck mit Ei" ist mit Abstand die beliebteste Variante, die Rezepte sind bis heute ein streng gehütetes Geheimnis. Zum Bestreichen der Brötchen bedarf es vieler fleißiger Hände. Es wurden verschiedene Versuche unternommen, um die aufwendige Handarbeit von einer Maschine ausführen zu lassen. Da die Ergebnisse nicht zufriedenstellend waren, wurde der Gedanke jedoch wieder verworfen. Die einzige Neuerung besteht in einer Brötchen-Schneidemaschine, die für eine einheitliche Größe der Schnittchen sorgt. Bestrichen wird nach wie vor von Hand und mithilfe von Gabeln, damit die unverwechselbare Optik der kleinen Köstlichkeiten gewährleistet ist. Bei den Zutaten wird immer auf höchste Qualität geachtet, und das schmeckt man auch!

Besonders zur Mittagszeit kann es vorkommen, dass sich eine Warteschlange bildet. Davon sollte man sich keinesfalls abschrecken lassen, da bei Trześniewski höchst effizient gearbeitet wird. Ebenso verhält es sich mit den Sitzgelegenheiten, denn hier vollzieht sich ein ständiger Wechsel. Es ist aber auch durchaus üblich, zusammenzurücken, und so sitzen Menschen unterschiedlichster Herkunft gemütlich an einem Tisch und lassen sich die Häppchen glücklich auf der Zunge zergehen.

TIPP

Die „unaussprechlich guten Brötchen" können auch mit nach Hause genommen werden.

● Trześniewski, Dorotheergasse 1, 1010 Wien, Tel. +43 (1) 5 12 32 91
www.trzesniewski.at
● ÖPNV: U-Bahn U1, U3, Haltestelle Stephansplatz

Pfiff
TRZEŚNIEWSKI
TRZEŚNIEWSKI

Am Anfang war es Lehm

72 Die Potteria

Ton ist eine tolle Sache! Er ist wunderbar flexibel und fügt sich den Einfällen von blutigen Anfängern sowie versierten Künstlern. Außerdem ist dieser Werkstoff in verschiedenen Farben und Qualitäten erhältlich, und unterschiedliche Bearbeitungstechniken erweitern das Spektrum der Möglichkeiten. Anfänger bedienen sich gern der sogenannten Wulsttechnik: Es genügt, Tonwürste zu formen und übereinanderzuschichten – schon bald entsteht ein ansehnliches Gefäß. Das Hantieren mit der Töpferscheibe hingegen ist gar nicht so einfach, wie es aussieht, daher braucht es einige Übung, bis das erste brauchbare Exemplar gelingt. Lehrlinge müssen an die 3000 Werkstücke produzieren, um das Töpferhandwerk wirklich zu beherrschen.

Im ehemaligen Rasumofsky-Stüberl hat sich eine Töpfer-Lounge eingemietet, wo jeder seiner Kreativität freien Lauf lassen kann. Es genügt, sich anzumelden, mit ein bisschen Glück ist kurzfristig ein Platz frei, und schon kann es losgehen. Das Werken mit Ton ist eine besonders anregende Arbeit, da man nach Lust und Laune formen kann, was einem gerade einfällt. Es hat aber auch einen beruhigenden Effekt und eignet sich bestens zum Abbau von Stress.

Die Potteria bietet unterschiedliche Töpferscheibenkurse an, bei denen alle nötigen Handgriffe mit vielen Tipps und Tricks aus der Praxis vermittelt werden. Die notwendigen Zutaten vom Ton bis zur Schürze und vor allem fachkundige Beratung werden vor Ort zur Verfügung gestellt, die gute Laune und die Ideen muss man allerdings selber mitbringen.

Gut Ding braucht Weile: Der Gegenstand muss erst 14 Tage trocknen, bevor er in den Brennofen wandert, wo der weiche Ton zur Keramik wird, die im Normalfall 40.000 Jahre haltbar ist! Nach dem Bemalen wird das geschaffene Objekt noch einmal gebrannt, wodurch die Farben kräftig und glänzend, ja sogar spülmaschinenfest werden.

Hier wird ein Stück handgefertigtes Glück erzeugt, das durch seine Unvollkommenheit einzigartig ist und ganz sicher Freude beschert.

TIPP

Die gemütliche Bar mit Chill-out-Bereich und der lauschige Schanigarten laden zum Entspannen ein.

- Potteria, Rasumofskygasse 16, 1030 Wien, Tel. +43 (1) 712 11 70
  www.potteria.at
- ÖPNV: U-Bahn U3, Haltestelle Rochusgasse, Bus 4A, Haltestelle Rasumofskygasse

Vom Fahrtwind verweht

73 Die Liliputbahn

Um einen Teil des weitläufigen Praters gemütlich zu erkunden, empfiehlt es sich, eines der bekanntesten sowie ältesten Fahrgeschäfte des Wurstelpraters, die Liliputbahn, zu besteigen.

Die Strecke verläuft in einem Rundkurs und bietet ein höchst abwechslungsreiches Fahrvergnügen. Die niedliche Schmalspurbahn fährt an einigen Praterattraktionen vorbei, Wiesen und der erfrischend kühle Auwald werden durchquert. Die Streckenlänge beträgt 3,9 Kilometer, der Ein- und Ausstieg ist an jeder der vier Stationen möglich.

Ihren Namen verdankt sie einer Episode des 1726 erschienenen Buches „Gullivers Reisen" von Jonathan Swift. Die winzigen Einwohner der fiktiven Insel Liliput werden Liliputaner genannt, daher steht Liliput für alles zu klein Geratene. Die Idee der Miniatureisenbahn hat ihren Ursprung um 1900 in England, als reiche Industrielle private Vergnügungsbahnen auf ihren Landsitzen bauen ließen.

Nachdem der Plan des Wiener Praterunternehmers Ludwig Pretscher, eine Kleinbahn vom Riesenrad bis zur Kirche Maria Grün zu errichten, aus administrativen Gründen gescheitert war, schlug er eine kürzere Variante vor. Anlässlich des 100. Todestages des Liederfürsten Franz Schubert wurde diese tatsächlich realisiert. Binnen kürzester Zeit entstanden die Gleisanlagen, ein Heizhaus, ein Verwaltungsgebäude, eine Remise sowie Kassenhäuschen, um pünktlich am 1. Mai 1928 die Eröffnung mit großem Andrang zu feiern.

Von Mitte März bis Mitte Oktober werden die kleinen Züge an Wochentagen von Dieselloks befördert. Die Dampflokomotiven von anno 1928 schnaufen nur noch an den Wochenenden und Feiertagen durch den Prater, da ihr Betrieb sehr aufwendig ist – alleine das Anheizen dauert fünf Stunden, daher verkehren sie auch erst ab Mittag. Jede Lok ist ein Unikat und zieht die luftigen, offenen Waggons durch die Landschaft.

Nach dem Trubel im Vergnügungspark ist eine Bahnfahrt zur Entschleunigung genau das Richtige, also nichts wie Platz nehmen und die nostalgische Fahrt genießen!

- Liliputbahn, Prater 99, 1020 Wien, Tel. +43 (1) 7 26 82 36
www.liliswelt.at
- ÖPNV: U-Bahn U1, U2, Haltestelle Praterstern

D1

Eden in Transdanubien

74

Die Blumengärten in Hirschstetten

Es hat lange gedauert, bis die Bezirke jenseits der Donau „für voll genommen wurden". Die Donau ist von jeher das trennende Element der Stadt, bei den Römern galt sie als Grenze der zivilisierten Welt. Das flache, von zahlreichen Donauarmen durchzogene Gebiet war vornehmlich vom Ackerbau geprägt. Die ersten Brücken zwischen den beiden Stadtteilen wurden vor ca. 550 Jahren gebaut, eingemeindet wurden die Bezirke Floridsdorf und Donaustadt erst im 20. Jahrhundert. Seit der Erweiterung der Südost-Tangente und dem U-Bahn-Bau ist die geografische Entfernung kein Thema mehr, die Grenze zwischen den beiden Welten verwischt zunehmend.

Die Hirschstettner Blumengärten wurden bereits in der zweiten Hälfte des 19. Jahrhunderts gegründet. Hier werden die für die städtischen Grünanlagen benötigten Pflanzen gezogen, damit sich Wien zu jeder Jahreszeit in frischer Blüte präsentieren kann. Seit 2003 sind sie für das breite Publikum zugänglich, bald danach entwickelten sie sich zu einer richtigen Attraktion. Die Anlage setzt sich aus einer Vielzahl verschiedener Themengärten zusammen, die einen Einblick in die vielfältige Blumen- und Pflanzenwelt vermitteln. Besonders beliebt sind die exotischen Bereiche wie der Indische Garten, wo es nicht nur winterharte Bananen und Palmen gibt, sondern sogar der Bund der Ehe geschlossen werden kann. Tierliebhaber finden ihr Glück im Zoo, der im Rahmen des Umweltbildungsprogramms der Stadt Wien angelegt wurde. Es können dort hauptsächlich heimische Tierarten beobachtet werden, die beiden Wildkatzen Diva und Diego sind die unangefochtenen Publikumslieblinge.

Das abwechslungsreiche Pflanzen- und Tierparadies macht glücklich und weckt die Kreativität, viele Besucher lassen sich von den Gestaltungsideen für den eigenen Garten inspirieren. Im „Schutzhaus am Seerosenteich" und im Stadel am Bauernhof kann man sich kulinarisch verwöhnen lassen. Ein Teich mit Sandstrand und Liegestühlen lädt zum Relaxen ein.

TIPP

Das Palmenhaus mit seinen exotischen Tieren und Pflanzen schafft eine tropische Atmosphäre.

● Blumengärten Hirschstetten, Quadenstraße 15, 1220 Wien, Tel. +43 (1) 40 00 80 42
● ÖPNV: U-Bahn U1, Haltestelle Kagran, dann Bus 22A, Haltestelle Blumengärten Hirschstetten

Rrrrröstfrisch!

75 Die Cafébrennerei Franze

Kaffee gehört zu den kleinen Freuden des Alltags, zumal er meistens „Pause machen!" bedeutet. Kenner wissen, dass Kaffee nicht gleich Kaffee ist, und legen großen Wert auf eine gute Bezugsquelle, um zwischen verschiedenen Sorten gustieren zu können und sich kompetent beraten zu lassen.

Die Cafébrennerei Franze wurde für Kaffee- und Teegenießer geschaffen. Zwar wurde dem Inhaber seine Leidenschaft für Kaffee in die Wiege gelegt, da bereits sein Großvater eine Rösterei betrieben hatte, dennoch war er lange Zeit vor allem von Tee fasziniert. Es bedurfte einiger Umwege, bis Nicholas Franze sein Glück fand, das er nun mit den Kunden teilt. Nach dem Geschichtsstudium, etlichen Auslandsaufenthalten und einem Job bei einem der ältesten Kaffeeröster auf dem Markt von Athen schloss sich der Kreis. Mittlerweile hat er sich in einem Geschäftslokal am Kutschkermarkt etabliert und ist zum lebenden Lexikon in Sachen Kaffee und Tee geworden. Das Angebot umfasst über 20 selbst geröstete Kaffeesorten und rund 240 Teespezialitäten. Die Kunden dürfen riechen, schmecken und kosten, bevor sie sich für ein Produkt entscheiden. Der Kaffee ist in ganzen Bohnen erhältlich oder kann, dem gewünschten Mahlgrad entsprechend, gemahlen werden.

Da Nicholas Franze viel in Kaffee produzierenden Ländern unterwegs war, gewann er einen Einblick in die lokalen Bedingungen und legt deshalb großen Wert darauf, möglichst „Fair Trade"- und Bio-Produkte zu führen. Bei Franze gibt es Frühstück in allen Varianten bis 16.30 Uhr sowie Snacks und frisch zubereitete Süßspeisen, die hervorragend zu einer Tasse Kaffee passen. In der Kaffee- und Tee-Oase werden darüber hinaus Zukunftspläne geschmiedet, um Wissen und Können weiterzugeben: Geplant sind Themenabende, Verkostungen und Lehrveranstaltungen, um beispielsweise auf die zahlreichen Zubereitungsarten von Tee einzugehen.

Die Kunden sind sich einig: Die persönliche Beratung und die sympathische Atmosphäre bei Franze sind ausschlaggebend, um sein Kaffeeglück zu finden.

- Cafébrennerei Franze, Schulgasse 25, 1180 Wien, Tel. +43 (6 77) 63 66 29 53
  www.kaffeerösterei.wien
- ÖPNV: U-Bahn U6, Haltestelle Währinger Straße/Volksoper, dann Straßenbahn 40, 41, Haltestelle Kutschkergasse

FALTER

Uni-Campus mit Gugelhupf

76 Das Alte Allgemeine Krankenhaus

Heute erinnert nichts mehr daran, dass hier einst die Ärmsten der Armen lebten. Da im ausgehenden 17. Jahrhundert die Kranken- und Armenhäuser der Stadt hoffnungslos überfüllt waren, wurde das „Großarmen- und Invalidenhaus“ errichtet, wo über 1000 Menschen eine Unterkunft fanden. 100 Jahre später beschloss Kaiser Joseph II., an dieser Stelle das „Allgemeine Krankenhaus“ nach dem Pariser Vorbild des Krankenhauses Hôtel-Dieu zu bauen. Erstmals gab es ein Gebäude, das ausschließlich für die Versorgung von Kranken zuständig war. Ein besonders ausgefallenes Bauwerk in dem riesigen Gebäudekomplex mit insgesamt neun Innenhöfen ist der Narrenturm, der zur Unterbringung von bis zu 250 Geisteskranken diente. Seine eigentümliche Form veranlasste die Wiener, ihm den Spitznamen „Gugelhupf“ zu verleihen. Seitdem ist der Ausspruch „Du g'hörst ja im Gugelhupf!“, der Menschen mit auffälligem Benehmen gilt, gang und gäbe. Heute ist der Narrenturm Sitz des Pathologisch-anatomischen Bundesmuseums.
Als das neue AKH in den Siebzigerjahren fertiggestellt wurde, übersiedelten die diversen medizinischen Institute nach und nach in den Neubau. Die Umwidmung des alten Spitals erfolgte in den Neunzigerjahren und wurde 1998 nach Adaptierung der historischen Gebäude und Schaffung moderner Zubauten als Universitätscampus mit Hörsälen und Instituten der Universität Wien übergeben.
Sobald man das Gelände betritt, trifft man hier eine junge Welt, vornehmlich Studenten, an, die es sich im Sommer auf den Wiesen bequem machen, um an der frischen Luft Gelerntes zu festigen, mit Kommilitonen zu diskutieren oder ihren Mittagssnack zu genießen. Im ersten Hof haben sich Geschäfte und Gastronomiebetriebe eingemietet, die auch Besucher von außerhalb anziehen. Vor allem die gemütlichen Schanigärten inmitten des Altbaumbestandes erfreuen sich großer Beliebtheit.
Der einstige Platz für Arme ist heute ein Ort des Glücks, der Gastlichkeit und der Begegnung.

- Das Alte Allgemeine Krankenhaus, Spitalgasse 2, 1090 Wien
- ÖPNV: Straßenbahn 1, 5, 43, 44, Haltestelle Lange Gasse

Der Bauch von Wien

77 Der Wiener Naschmarkt

Märkte üben von jeher eine besondere Anziehungskraft auf die Menschen aus, denn sie dienen gleichzeitig als Nahversorger und gesellschaftlicher Treffpunkt. Der erste außerhalb der alten Stadtmauern gelegene Markt wurde 1791 erstmals in der Wiener Marktordnung erwähnt. Damals war das Angebot recht bescheiden, weil ausschließlich Mehl, Hülsenfrüchte und Taubenfutter verkauft werden durften. Das änderte sich jedoch sehr schnell, und heute findet man hier so gut wie alles nach dem Motto „Was es am Naschmarkt nicht gibt, braucht man nicht".

Der Naschmarkt ist das kulinarische Herz und der bekannteste Markt der Stadt. Zu seiner Popularität trugen unter anderem die „Fratschlerinnen" genannten Marktfrauen bei, die in ihrem Einfallsreichtum an Schimpfwörtern kaum zu übertreffen waren.

Als infolge des Stadtbahnbaus der Wienfluss überwölbt wurde, entstand ein breiter Platz, der während des Ersten Weltkriegs mit 123 gemauerten Marktständen in einheitlichem Stil bebaut wurde. Es entstand eine gute Infrastruktur, nun gab es Blechbehälter für Marktabfälle, elektrisches Licht und sogar einen eigenen Brunnen für die Pferde der Marktbesucher.

Seit den 2000er-Jahren hat der Naschmarkt an Attraktivität gewonnen, da zahlreiche Gastronomiebetriebe leer stehende Verkaufsstände bezogen haben und mit Spezialitäten aus aller Herren Länder zu einer kulinarischen Reise verführen. Das Zusammenspiel aus verschiedensten Düften und Geschmäckern begeistert alle! Besonders erfreulich ist, dass die Restaurants auch abends geöffnet sind.

Samstags ist der Markt besonders beliebt, denn zu den üblichen Standlern gesellen sich mehrere Bauern, die ihre eigenen Erzeugnisse verkaufen. Außerdem findet an diesem Tag der Flohmarkt statt, was viele dazu veranlasst, nach dem Wochenendeinkauf dort bummeln zu gehen und sich gegebenenfalls über ein Schnäppchen zu freuen. Die prächtigen Otto-Wagner-Jugendstilhäuser mit Ornamenten von Koloman Moser bilden eine Kulisse, die das Herz höherschlagen lässt.

- Naschmarkt, zwischen Linke Wienzeile und Rechte Wienzeile, 1060 Wien
- ÖPNV: U-Bahn U4, Haltestelle Kettenbrückengasse

Dampf ablassen

78 Das WUK – Werkstätten- und Kulturhaus

Im Wien der Siebzigerjahre war die Stadtentwicklung von einer Abriss- und Neubaupolitik geprägt. Auch das ehemalige TGM (Technologisches Gewerbemuseum), das in einem 1855 errichteten und ursprünglich als Lokomotivfabrik genutzten Backsteingebäude untergebracht war, sollte einer modernen Wohnhausanlage weichen. Unter dem Motto „Rettet das TGM" bildete sich eine Bürgerinitiative, um das denkmalgeschützte Ensemble im Hinblick auf die Schaffung eines autonom betriebenen Kulturzentrums zu erhalten. Zahlreiche Aktionen gipfelten 1981 in einer Hausbesetzung. Die Hartnäckigkeit der Aktivisten hatte sich gelohnt, denn es kam zur Schlüsselübergabe, der alsbald Putz- und Renovierungsarbeiten folgten. Sogar der damalige Stadtrat und zukünftige Bürgermeister Helmut Zilk griff solidarisch zum Putzlappen, um eines der unzähligen Fenster des WUK zu reinigen.

Das WUK hat sich im Laufe der Jahre zu einem Experimentierfeld für sozialpolitische und künstlerische Aktivitäten entwickelt. Aus der Utopie wurde ein professionell geführtes, soziokulturelles Zentrum, wo rund 150 Gruppen, unter anderem eine Bildungs- und Beratungseinrichtung für Benachteiligte, den perfekten Ort gefunden haben, um verschiedensten Tätigkeiten nachzugehen. Eines haben alle WUK-Mieter gemein: Sie setzen sich ausnahmslos für Gleichberechtigung ein und engagieren sich gegen Rassismus, auch Migranten werden tatkräftig unterstützt.

Das WUK hat aber noch weit mehr Eisen im Feuer, denn es ist neben den sozialen Aktivitäten ein beliebter Veranstaltungsort. Die Begegnungsstätte bietet ein dichtes Programm mit Tanz und Theater, Ausstellungen und Live-Konzerten.

Ein einmaliges und garantiert Glückshormone freisetzendes Erlebnis stellt die „Silent Disco" dar. Kabellose Kopfhörer bieten die Möglichkeit, je nach Stimmung zwischen zwei unterschiedlichen Kanälen zu wählen. Das Musikspektrum reicht von House, Electro und Hip-Hop bis hin zu Oldies und Classics. Jeder kann hier nach Lust und Laune seinen Alltag einfach wegtanzen!

- WUK, Währinger Straße 59, 1090 Wien, Tel. +43 (1) 40 12 10
  www.wuk.at
- ÖPNV: U-Bahn U6, Haltestelle Währinger Straße/Volksoper

Vorhang auf!

79

Das Rabenhof Theater im Gemeindebau

Das „schönste Wiener Pissoir der Zwanzigerjahre" – so wurde das Rabenhof Theater 2008 beim Festakt der Wiedereröffnung vom deutsch-österreichischen Satiriker-Duo Stermann und Grissemann bezeichnet. Das Theater war generalsaniert worden, sogar die weinroten und gelben Fliesenbänder, die jahrzehntelang hinter Rigipsplatten auf bessere Zeiten gewartet hatten, wurden bei dieser Gelegenheit freigelegt und liebevoll restauriert. Auch die Handläufe und Kaminverkleidungen aus Messing wurden wieder angebracht.

Als die Stadt Wien in den Zwanzigerjahren zahlreiche kommunale Wohnbauten zur Bekämpfung der akuten Wohnungsnot errichtete, waren in den sogenannten Gemeindebauanlagen auch Gemeinschafts- und Veranstaltungsorte eingeplant worden. Der Rabenhof zählt zu den größten Gemeindebauten der Stadt und galt mit seinen 1112 Wohnungen als Superblock. An der Stelle des heutigen Theaters wurde zunächst ein Kinderhort eingerichtet, der 1934 zu einem Kino umfunktioniert wurde. 1988 wurde das Kino in einen Theatersaal verwandelt, doch erst als Thomas Gratzer 2003 die Leitung übernahm, gelang der Durchbruch. Heute ist das Theater mit popkulturellem Ansatz aus der Wiener Kulturlandschaft nicht mehr wegzudenken. Ganz egal, welche Vorstellung man besucht, allein das Flair der Örtlichkeit erfüllt einen schon im Vorfeld mit Freude. Junge wie alteingesessene Kabarettisten sorgen für höchst unterhaltsame Stunden, und auch sonst bietet das Theater ein breit gefächertes Programm. Es wird großer Wert auf Publikumsnähe gelegt, und dabei ist die Wiener Mundart ein wesentliches Element, das auch Menschen, die eigentlich nicht ins Theater gehen, besonders anspricht. Auch die satirische Auseinandersetzung mit den politischen Zuständen der heutigen Zeit kommt nicht zu kurz. Regelmäßig werden Produktionen aus dem Rabenhof Theater auch im Fernsehen übertragen.

Doch das Gesamtbild und die Atmosphäre, die im Fernsehen nicht eingefangen werden können, machen einen Theaterbesuch unerlässlich.

TIPP

Die begrünten Innenhöfe der weitläufigen Anlage „Rabenhof" sind einen Rundgang wert.

- Rabenhof Theater, Rabengasse 3, 1030 Wien, Tel. +43 (1) 712 82 82
www.rabenhoftheater.com
- ÖPNV: U-Bahn U3, Haltestelle Kardinal-Nagl-Platz

JÖ SCHAU

Wie Phönix aus der Asche

80 Art & Style Fashion Theatre

Die Arbeiter staunten nicht schlecht, als sie im Zuge von Renovierungsarbeiten eines Kellerlokals in der zentral gelegenen Annagasse auf einen längst verloren geglaubten Theatersaal stießen. Der deutsche Filmregisseur und Drehbuchautor Michael Klier hatte 2008 die Räumlichkeiten des ehemaligen Szenetreffs der Achtzigerjahre „Montevideo" angemietet, um dort ein trendiges Schuhgeschäft einzurichten. Der Schatz, der hier seit Jahrzehnten hinter einer vermoderten Holzverkleidung und Mauern verborgen lag, veranlasste Klier dazu, akribische Recherchen anzustellen, um das Jugendstil-Baujuwel im Zuge einer vier Jahre dauernden Bauzeit originalgetreu wiederherzustellen.

An der Stelle des ehemaligen Jesuitenklosters St. Anna errichtete das Architektenduo Fellner und Helmer Ende des 19. Jahrhunderts den Annahof. In diesem neu geschaffenen Gebäude war ein zweistöckiger Ballsaal untergebracht, der 1910 durch Einziehen einer Zwischendecke geteilt wurde. Oben wurde getanzt, unten befand sich das Kellertheater „Max und Moritz", wo die Wiener Schauspielerlegende Hans Moser mit der unverwechselbaren nuschelnden Stimme seine ersten Bühnenerfolge in Solorollen als Komiker feierte. Nach dem Zweiten Weltkrieg wurde der Saal in mehrere kleine Lokale unterteilt, die unter anderem drei In-Diskotheken beherbergten.

Heute stehen der ehemalige Theatersaal, der Bühnenraum und der Orchestergraben unter Denkmalschutz. Hinter dem Orchestergraben versteckt sich ein weiterer Raum. Die Unterbühne hatte eine besondere Funktion, denn es wurde auch gezaubert: Hier konnte man Menschen spurlos verschwinden lassen.

In diesen kunstvoll gestalteten Räumlichkeiten findet der Besucher heute eine Riesenauswahl an traditionsreichen Kultmarken wie Converse, Dr. Martens und verschiedenen Labels aus dem Trend-Fashion-Bereich. Die beibehaltene Optik des Theatersaals und Bühnenraums sowie der begehbare Orchestergraben vermitteln ein besonderes Flair, das zum Erlebnisshopping mit Theaterluft beiträgt.

- Art & Style, Annagasse 3, 1010 Wien, Tel. +43 (1) 3 08 10 10
shop.converse.or.at
- ÖPNV: U-Bahn U1, U2, U4, Haltestelle Karlsplatz

Wir bedanken uns bei Othmar, Daphne, Myriam, Clara, Philipp, Anna Lenhard, Barbara Madaro und Christine Thumberger für die wertvollen Tipps und Anregungen und nicht zuletzt für die Geduld und Unterstützung. Ein herzliches Dankeschön auch unserer Lektorin Antje Kluth für die freundliche und konstruktive Zusammenarbeit.

Bibliografische Informationen der Deutschen Nationalbibliothek
Die Deutsche Nationalbibliothek verzeichnet diese Publikation in der Deutschen Nationalbibliografie; detaillierte bibliografische Daten sind im Internet über http://dnb.d-nb.de abrufbar.

3., aktualisierte Auflage 2024
Konzeption/Satz: Droste Verlag, Düsseldorf
Einbandgestaltung und Illustrationen: Britta Rungwerth, Düsseldorf, unter Verwendung von Bildern von © Fotolia.com: jd - photodesign.de; © iStock: Plociennik Robert
Fotos: Jennifer Faulkner, außer:
S. 13: Adriana Brandner; S. 15: Sabine Ergenzinger; S. 41: Die Zuckerlwerkstatt; S. 87: Schloss Schönbrunn, Irrgarten, Wien (Foto: Jennifer Faulkner); S. 117: Hofmobiliendepot – Möbel Museum Wien (Foto: Jennifer Faulkner); S. 119: Metropol, Lalo Jodlbauer; S. 125: Donauinselfest, Manfred Werner (https://creativecommons.org/licenses/by-sa/3.0/deed.de); S. 151: Potteria

FSC
www.fsc.org
MIX
Papier | Fördert gute Waldnutzung
FSC® C011279

Druck und Bindung: LUC GmbH, Greven
978-3-7700-2622-7

www.droste-verlag.de